「もしも？」の図鑑

ドラゴンの飼い方

How to keep Dragon

著◆伊藤慎吾

実業之日本社

もくじ

★カワイイ幻獣

★ブサカワ？幻獣

第3章　神秘的な幻獣

この本の使い方

❶ 幻獣の名前

❷ どんな生き物なの？
左のページで紹介した幻獣や、その仲間についてもう一歩踏みこんで解説します。

ヨーロッパのドラゴン　ゾウだってペロリ
ワイバーン

第1章 ドラゴン
ヨーロッパのドラゴンってどんな生き物なの？
何を食べるの？
なんで火や毒をはくの？
空を飛ばす時に気をつけること！

❸ 飼育の様子
どんな幻獣なのか、どうやって飼育するのかをイラストと共に紹介します

❹ 飼いやすさ ★★★★★ ★★★★★

原産地　ヨーロッパ各国
❺ 特徴　2本の足と大きなつばさを持ち、飛行を好む。海に棲むものは魚のしっぽを持つ。まれにきばに毒のあるものや火をはくものもいるので注意。
❻ 飼い方　成長してから飼うのはプロでも難しいんだ。トイレのしつけとかね。だから小さいうちから育てるのがいいよ。山にどうくつや、原っぱに穴をほって飼おう。建物だとこわれやすいぞ。

❹ 飼いやすさ
この図鑑では、「食事の用意がどのくらい楽か、大変か」「飼うにはどのような場所が必要か」「飼っていて周りにどんなえいきょうがあるか」「意思の疎通ができるか」などを目安に飼いやすさを総合的に判定しています。☆の数が多いほど飼いやすく、最も飼いやすい幻獣には☆が 10 個つきます。

❺ 見た目や生態についての特徴

❻ 実際に飼う時のアドバイス

ドラゴンの飼育係に就任!?

今年の飼育係は
この二人に決定しました

今年から特別な動物を
飼うことになったから
二人とも動物達の世話
がんばってね

って先生が
言ってたけど
飼育小屋

特別な動物って
何だろうな
特別かぁ

私は馬だったらいいな
背中に乗ってみたい

えぇ～
俺はもっと
強そうな動物が…
ギロッ

フシュー
うわあああああ！

特別な動物って
ドラゴン?!

わ…私も…
どうしよう
ドラゴンなんて
世話したことないよ!
はわ
はわ
はわ

どうしよう!
火とか
はくのかな?!
食べ物は?!
何食べるの?!
人?! 肉?!
ボボボ

お困りかな!

僕はドラゴンのドラン
ここで飼われてるドラゴンだよ！
バン

どうしよう ドラゴンってしゃべるの?!
ヒソ
ヒソ
私も見るの初めてだから知らないよ
ヒソ
ヒソ

二人とも！

ドラゴンについて
何も知らないままだと

飼育員失格
どころか

下手をすると
怒ったドラゴンに
食べられちゃうぞ！

ぞぞ…

そうならない
ためにも
えっへん

ボクが正しい
ドラゴンの
飼い方を…
ぱく

あああぁぁぁぁぁ！
わあぁぁ
ド…
ドラーーーン！

やめてぇぇぇ！
じゃれるのは
やめてぇぇ！
あぁぁ
べろん
べろん
じゃれてるの
それ？！

なんとか
脱出した
はぁ
はぁ
ドロ…
はぁ
はぁ

ほらね！
ドドヤ
何が？!

一瞬の油断が
命取りになるんだ！

う…うん…

僕がドラゴンの
飼い方について
教えてあげるから
二人とも僕に
ついてくるんだ！

大丈夫かな…

幻獣ってなに？

幻獣とは、いるのか、いないのかわからないけど、昔から、「もしかしたらいるかもしれない」と思われている動物達をいう。中には「そんなの、いるわけないじゃん」と思われているものもいるけどね。信じるか信じないかは本人次第。だったら、いるって思ったほうが面白いとは思わないか。

妖怪やモンスターは幻獣なの？

幻獣について、もう少しくわしくいうと、これと似たものに妖怪やモンスターと呼ばれるものがいる。ただ、妖怪・モンスターには人間の姿に近いものが少なくない。一つ目小僧や山姥がそうだし、西洋のゴブリンやオークもそうだ。そうした人間の姿に近いものは亜人といって区別する。そして、鳥獣虫魚の姿に近いもの、つまり動物系のものを幻獣とも呼ぶわけだ。

さらに、妖怪・モンスターではないけど、たとえばフェニックス (p.48) や白虎 (p.90)、シーサー(p.92) のような神聖なもの (聖獣・瑞獣) も幻獣と呼ばれている。

このように、妖怪・モンスターの中でも、動物系のものと聖獣を合わせて幻獣としているんだ。

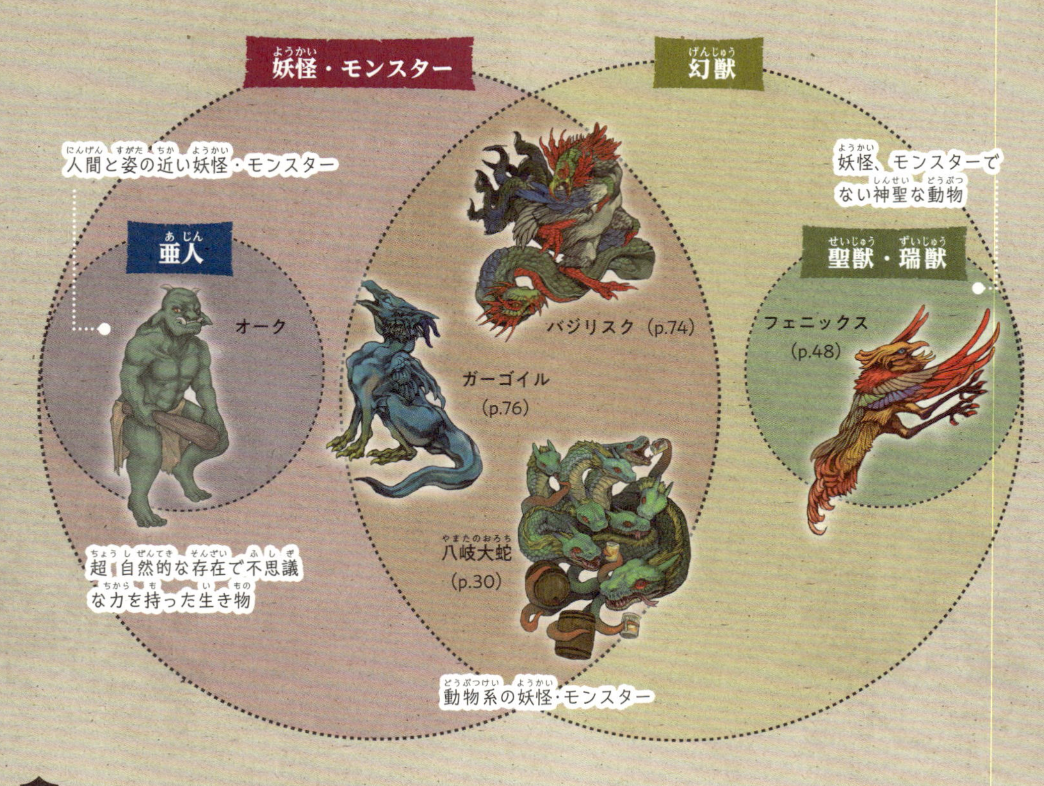

では妖怪とモンスターは何がちがうのか。これは明確に示すことはできない。もともと、それぞれ異なる文化・社会の中で育まれてきた言葉だからだ。「妖怪」は日本、「モンスター」は欧米の言葉。日本では九尾の狐（p.64）や土蜘蛛（p.77）に対して妖怪といってきたが、ワーム（p.21）やフェンリル（p.46）をかつての日本人は知らなかった。同じように、欧米人はグリフィン（p.40）やバジリスク（p.74）をモンスターというが、かまいたち（p.52）やぬえ（p.60）がどのようなものか知る人は少ない。妖怪にしろ、モンスターにしろ、それぞれの文化背景があってできた、ある種の存在に対するとらえ方なわけだ。

そうはいっても、共通点が多いのもたしかだ。だから、「monster」は「妖怪」と日本語訳されるし、「妖怪」は「monster」と英訳される。その共通点として大きなものは、どちらも超自然的な存在であること。それから、不思議な力を持っていること。つばさがないのに空を飛んだり、人間に変身したり、信じられないくらい長生きだったりする。

そういうわけで、妖怪とモンスターは本来異なる文化背景を持つものだけど、それを乗りこえて、地球上の不思議な力を持つ超自然的な存在を指す点で一致している。加えて、本来、人間に対してこうげき的で、えものや敵と見なすことが多いのも共通点といえよう。ということで、大まかなところでは、両方とも同じ意味なんだと考えてまちがいはない。

幻獣の命

先ほど、幻獣は信じられないくらい長生きだといったけど、彼らはどれぐらい長生きするのだろう。「ツルは千年、カメは万年」と昔からいわれるが、実際は、ツルは約25年、カメは全般的に約40年しか生きられない。長くて100年ほど生きた記録もあるが、それでも動物の中では長生きなほうだ。

これに対して、実は幻獣には寿命などあってないようなものである。フェニックス（p.48）は不死鳥と呼ばれるように死なないし、ヨルムンガンド（p.20）は世界がめつ亡する日まで海中にいる。また黄龍（p.24）は出世魚のように、数千年ごとに姿を変え、ようやく至る最終形態だが、その寿命は知られていない。たぶん、ないのだろう。

そういう動物は世界中にいる。どのくらい昔からいるかというと、なんと世界が誕生してからだ。気が遠くなるくらい古くから地球上に存在していたわけだ。もともと幻獣の生息地は人間の踏みこめないはるか遠くの海や海中、山奥、密林、どうくつ、地底などが多かった。しかし文明の発達にともない、人間社会が広がっていった。その結果、次第に幻獣が発見され、捕かくされることになったんだ。

蛟龍（p.25）は1000年かけてようやく龍になり、さらにそこから500年かけて角龍（p.24）へと成長する。君の飼っている幻獣も、もしかしたら君が生まれるよりずっと前から生きているかもしれない。

第1章

ドラゴン

Dragon

幻獣といえば、やっぱり
ドラゴンが一番有名だよね。
実は世界のいろいろな所に
ドラゴンがいるって知ってた？

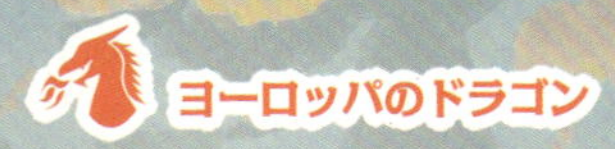

ゾウだってペロリ

ワイバーン

飼いやすさ ★★★★★ ★★★★★

原産地 ヨーロッパ各国

特徴 2本の足と大きなつばさを持ち、飛行を好む。海に棲むものは魚のしっぽを持つ。まれにきばに毒のあるものや火をはくものもいるので注意。

飼い方 成長してから飼うのはプロでも難しいんだ。トイレのしつけとかね。だから小さいうちから育てるのがいいよ。山や原っぱに穴をほって飼おう。建物だとこわれやすいぞ。

ドラ太

さわり心地はヘビやトカゲに似ている

肉食でゾウやドラゴンも食べてしまう

とても大きなつばさを持つ

ヨーロッパのドラゴンってどんな生き物なの？

何を食べるの？

肉食の大食漢。ゾウだってペロリと食べちゃうんだ。どんな肉でも食べるけど、日本では牛肉やブタ肉が手に入れやすいね。お腹がすくと何でも食べちゃうから、食事は朝晩2回、必ずあげること。それに小さなうちから拾い食いのクセがつかないようにしないと、ご近所から「ウチのネコが食べられたー」とか苦情が来るかもしれないぞ。飲み物は動物の血が好きだけど、水でだいじょうぶ。

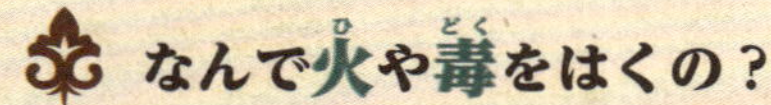

なんで火や毒をはくの？

生き物には、身を守ったりエサをとるために毒を出すものがいるね。ドラゴンの場合も同じだ。野生のドラゴンはこわいけど、人間になれたものは昔から悪魔や悪霊から守ってくれたり、宝物の守護をしてくれたんだ。とくにファフニール（p.20）やズメイ（p.20）、室内でも飼える小型のピスヘント（p.20）などは守り役にうってつけだ。どろぼうを火や毒で追いはらってくれるぞ。でもうっかり、家を丸ごと燃やされないようにね。

空を飛ばす時に気をつけること！

ドラゴンの中には空を飛ぶものも少なくないけど、雲の上まで飛んでいけるから、飛行機には気をつけないといけない。散歩の時は、空に何も飛んでいないかしっかり確認することが大切だよ。定期便の旅客機だけでなく、セスナ機やヘリコプターが急に飛んでくることもあるからね。乗る時はヘルメットをかぶり、ロープで体をドラゴンとつなげること。パラシュートもあるといいよ。

ヨルムンガンド
飼いやすさ
原産地 北欧
特徴 とても大きく、海に生息する。ヘビの姿で足やつばさはない。毒をはく。世界の終末まで陸に上がらない。自分のしっぽをくわえるクセがある。
ズメイ
飼いやすさ
原産地 ロシア、東ヨーロッパ諸国
特徴 体はうろこでおおわれていてつばさを持つ。足は4本あり、後ろ足で歩く。火をはく。水と農業を大切にする。メスはオスとちがって人がきらい。
ファフニール
飼いやすさ
原産地 北欧、ドイツ
特徴 ワームに近い。知性を持ち、言葉がわかる。空は飛べず4本足でトカゲに似るが、首がとても長い。火や毒をはく。
ピスヘント
飼いやすさ
原産地 エストニア
特徴 4本の足やつばさを持ち、姿はヘビに似る。成長しても家の中で飼えるほどの大きさにしかならない。家に財宝や食べ物を持ってきてくれる。

ワーム

飼いやすさ ★★★★★★★★★★

原産地 イギリスとドイツ近辺

特徴 ヘビに似るが、2本足もいる。淡水でも陸上でも飼える。まれにつばさを持つ。多くは毒をはく。主食は肉で牛乳も好む。

リヴァイアサン

原産地 イスラエル、のちにヨーロッパ各国

特徴 太古の昔から海に生息する。船を一飲みにするほど大きく、姿はヘビに似ている。気性があらく、火をはき、きばも強力、うろこはがんじょう。

飼いやすさ ★★★★★★★★★★

ヨーロッパに生息するドラゴン

ドラゴンといえばヨーロッパというイメージの通りにとても多くの種類がいる。すべてを取り上げようと思えばきりがないから、ここではその一部分を紹介しよう。

中国のドラゴン

青龍

つばさがなくても飛べちゃう!?

つばさはないが空を飛べる

青みのあるうろこにおおわれている

陸でも活動できるが水が大好き

飼いやすさ ★★★★★★★★★☆

原産地 中国

特徴 青みのあるうろこにおおわれており、つばさはないが空を飛ぶ。4本足に3つから5つのつめがある。長いひげもある。雨を降らせる力を持つ。

飼い方 陸でも飼えるが水中を好む。東側を守る習性があるので家の東で飼うといい。意思が通じ、たのめば雨を降らせてくれる。あごの下のうろこにさわるとものすごく怒るから要注意だ。

中国のドラゴンってどんな生き物なの？

なんでつばさがないのに飛べるの？

欧州原産のドラゴンは、トリと同じでつばさがないと飛べない。しかし、中国や日本の龍はつばさがなくても空を飛べる。なぜかはまだ科学では解明されていないけれど、たとえばお化けは足がなくても空中に浮いて自由に移動できる。仙人や苦行したお坊さんも宙に浮ける。龍は風雨を自由に操れるほどの力を持ち、神様として大昔から人々に信仰されてきたすごい生き物だから、天高く飛ぶこともできるんだ。

龍の好きな天気

龍の多くは空に雲を起こし、雨を降らせる力を持っている。言葉が通じるから、お願いすれば雨を降らせてくれるよ。龍はもともと海や池、湖などの水底に棲んだり、山中やどうくつにこもっていたりしていたから、ギンギンに太陽の照りつける場所にはめったに行くことがなかった。そんなわけで、雨は好きだけど晴れはきらいというのが龍全体に見られる傾向だ。

ドラゴンのはんしょくは難しい

ドラゴンはふつう卵からふ化して成長するが、それ以前にパートナーを見つけるのが大変だ。ドラゴン種なら世界中どこのものでも「つがい」にできるし、とっても長生きなので、100年や200年、相手が見つからなくても絶めつの心配がないが、生息数自体が少ないのだ。だから飼っている世界中の人達と友達になるといいかもしれない。もし海生と陸生のドラゴンがつがいになったら、どんな子が生まれるか楽しみだね。

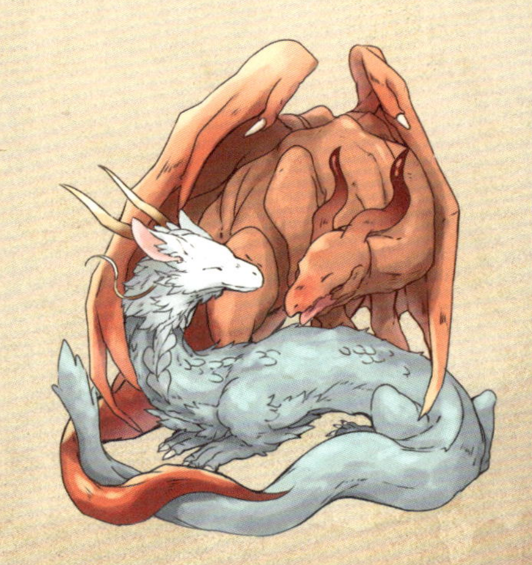

玉龍
飼いやすさ
原産地 中国
特徴 龍神の子だが、ほとんどの時間をウマとして過ごす。ウマに変身している時は、まったくウマと変わらないから、エサは牧草や野菜で十分。
角龍
原産地 中国
特徴 龍が500年過ごすと角龍になる。基本的な姿形や能力は龍と変わらない。年を取っている分、知性が高い。もちろん飼い主の言葉は通じる。
飼いやすさ
飼いやすさ
黄龍
原産地 中国
特徴 中国の龍の最終形態であり、最も崇高な存在といっていい。人間の姿に変身できる。あまりにカリスマ性が高いので、ペットと飼い主の主従関係がわからなくなることがしばしばある。
虹
飼いやすさ
原産地 中国、オーストラリア、アフリカ各国
特徴 中国の虹はヘビのような姿だが、しっぽのほうにも頭がある。ふだんは雲間を飛んでいるが、のどがかわくと地上に降りてたくさん水を飲む。とにかく水が好き。

中国に生息するドラゴン

中国のドラゴンには、まるで出世魚のように年を経るごとに名前が変わるものもいる。ただし、姿形の変化が魚よりずっと大きいから見分けるのは簡単だ。でも、変化のとちゅうだと……。

飼いやすさ ★★★★★★★★★★

蜃

原産地 中国

特徴 角があり、ひげの赤い龍。口から気をはいて幻想的な楼閣という高い建物を見せる（蜃気楼）。体のあぶらでつくったろうそくに火をともせば、簡単にこれが楽しめる。

応龍

飼いやすさ ★★★★★★★★★★

原産地 中国

特徴 4本足でつめは3つ。つばさがあり空を飛ぶ。雨を降らせるなど、水を自在に操る力を持つ。角龍が1000年経つと応龍になるといわれる。青龍よりも格が高い。

吉弔

飼いやすさ ★★★★★★★★★★

原産地 中国、中国南部（広東省などの嶺南、香港一帯）

特徴 ヘビの頭にカメの体をしており、龍亀ともいう。龍はふつう2、3個の卵を生むが、その1つは吉弔がかえるという。淡水に生息するが、木に棲むこともある。

蛟龍

飼いやすさ ★★★★★★★★★★

原産地 中国

特徴 水生なので水中を好む。体は大きく、うろこを持つ。4本足でつめは5つあるのが一般的。角はあったり、なかったり。雨を降らせる力を持つ。成長すると龍を経て角龍になる。

インドのドラゴン

ナーガ

仏教の守護神

人間の姿に変身すれば家の中で飼える
会話を楽しむことができる
仏教の守護神として信心深い人を大切にする

飼いやすさ ★★★★★ ★★★★★

原産地 インド

特徴 ヘビの姿をしていて、ものすごく大きい。人の姿にもなれる。人間の意思が通じ、雨を降らせる能力もある。仏教の守護神なので家が仏教だと相性がいい。

飼い方 とても長生きな龍なので、一生いっしょにいられる。食べ物は自分でつくりだすので食費はいらない。とても大きいが、人間の姿で飼えばいっしょに家で暮らせる。水陸、寒暖どこでも順応できる優れもの。

インドのドラゴンってどんな生き物なの？

インド産ドラゴンの天敵

日本のドラゴンの中にはもちろん日本原産もいるが、中には先祖が古代インド出身のものも少なくない。ではどう見分けるのか。それはガルーダ（p.51）という大鳥をこわがるかどうかでわかる。炎の中から生まれたガルーダは金色にかがやき、豊かな知性を持っているが、ヘビが大きらいだ。君の飼っているドラゴンの先祖が日本原産かインド原産かは、このトリを見せることでわかる。しかし容しゃなくこうげきしてくるから注意だ。ちなみにガルーダは死なない。

ドラゴン最大のはんしょく地はどこ？

ドラゴンといえば、ヨーロッパに一番たくさんいるように思うけど、実際はどうなんだろう。たしかにヨーロッパには多種多様なドラゴンがいる。しかし昔はインドが一番多かったんだ。ある古代インドの文献には、なんと8万4千の大龍王がいたことが記されている。ドラゴンだけでかなり大きな街が作れるね。とはいえ、残念だけど現在はその数が激減して貴重な種族になっている。

世界一のドラゴンはなにか！

ドラゴンは幻獣の中でも最強だと思うけど、ドラゴンにもいろいろいる。中にはピスヘント（p.20）みたいにかわいいものもいる。日本の八岐大蛇（p.30）は本来8つの山にまたがるくらいの大きさで、これも相当なものだが、インドの八大龍王（p.28-p.29）は須弥山というものすごい大きな山を7周するほどの長さになる。北欧のヨルムンガンド（p.20）はさらにすごい。これは成長すると、頭としっぽで地球一周できるほどになるそうだ。ほんとかな…

ワシュキツ（和修吉）

飼いやすさ
★☆☆☆☆
☆☆☆☆☆

原産地 インド

特徴 山に棲む。9つの頭を持つ龍（九頭龍）の中でもとくに大きく、体は簡単に山に巻きつけるほど長い。エサに小さな龍を食べ、また広い土地が必要なので飼うのは大変だ。

バツナンダ（跋難陀）

飼いやすさ
★★★★★
★★★★★

原産地 インド

特徴 ナンダの弟で水陸両生。兄同様に、頭としっぽで山を何周もできるほど体が大きく、また同じ能力を持つ優しい龍だ。好きな言葉は「善」。

ナンダ（難陀）

飼いやすさ
★★★★★
★★★★★

原産地 インド

特徴 水陸両生で体はものすごく大きい。人々のことを考え、いいころあいに雨を降らせる心優しい龍。人間に姿を変えることができる。言葉が通じる。好きな言葉は「歓喜」。

ウハツラ（優鉢羅）

飼いやすさ
★★★★★
☆☆☆☆☆

原産地 インド

特徴 淡水の水に棲む。とくにスイレンを好むので、飼う時は池にスイレンをたくさん植えるとよい。雨を降らせ、言葉が通じる。

アナバダッタ（阿那婆達多）

原産地 ネパール（ヒマラヤ山）

特徴 淡水の池に棲む。雲を起こして広範囲に雨を降らせる力を持つ。言葉が通じ、進んで人助けをする慈悲深い龍だ。

飼いやすさ
★★★★★
☆☆☆☆☆

マナシ
（摩那斯）
飼いやすさ
原産地 インド
特徴 淡水の池に宮殿を建てて棲む。慈悲深く、力持ちの龍。人間社会が雨不足で困っていると、雨を降らせて助けてくれる。
トクシャカ
（徳叉迦）
飼いやすさ
原産地 インド
特徴 水生の白龍で、海底深くに宮殿を建てて棲む。とても信心深く、日夜お経を唱えている。雨を降らせる力があるので、降らせたい時はたのむといい。
シャガラ
（沙伽羅）
飼いやすさ
原産地 インド
特徴 海龍王とも呼ばれる。海中に龍宮を建てて棲む。言葉が通じる。飼い主は背に乗って宮殿に行けるぞ。体はとても大きいが、少女の姿に変身して陸でも暮らせる。

インドに生息するドラゴン

インドのナーガ達の中でも最も有名なものが、八大龍王とよばれる８種類のナーガだ。彼らはかしこいし、優しいので飼いやすいけれど、時々全身が火におおわれることがあるので注意。エサには米とミルクをあげよう。

お酒が大好き

八岐大蛇

やまたのおろち

頭だけでなくしっぽも8本ある

しっぽに剣がかくされているかもしれない！

大酒飲みで酒に目がない

飼いやすさ
★★★☆☆
☆☆☆☆☆

原産地 日本（島根県）

特徴 ヘビの姿だが、頭が8つあり、目は赤い。体はものすごく大きく、頭からしっぽまでいくつもの山にわたるほどだ。しっぽには剣がかくされている。

飼い方 頭が8つあるので食費がかかる印象があるが、実際は一年に一度、樽8個に酒を入れて飲ませ、肉を少々あたえるだけでよい。あまり動き回らないので背にマツなどが生えやすい。小まめな手入れを心がけよう。

八岐大蛇ってどんな生き物なの？

どうやって体をキレイにするの？

八岐大蛇はねむるのが大好きで、食事そっちのけで寝続ける。だからあまり飼ってて楽しいかどうかわからないが、一応注意しないといけないことがある。あまりに寝すぎるから背中に植物が生えてしまうのだ。コケをデッキブラシやタワシでゴシゴシしたり、雑草をむしったりするくらいなら他のドラゴンも似たようなものだが、八岐大蛇の背にはマツやカシワなどの樹木が生いしげる。大変そうと思うかもしれないが、植木屋やぼんさい屋にたのめば無料で引き取ってくれるから、実は他のドラゴンを飼うより楽なんだ。

ヘビなのにドラゴンなの？

ドラゴン種は、世界中に生息するけど、その先祖をさかのぼっていくと、ほとんどがは虫類であったことがわかる。ワニやオオトカゲのような4本足の生物も少なくないが、圧倒的にヘビに似たものが多い。だから、実際のところ、古い文献や絵にかかれる細長い生物がヘビなのかドラゴンなのか判断つかないことも多い。日本ではトカゲのようなドラゴンはほとんど生息しない。角や前足の有無はあるものの、龍といえばみんなヘビの姿をしている。まれに4本足もいるが、それは先祖が大陸からわたってきたものだ。

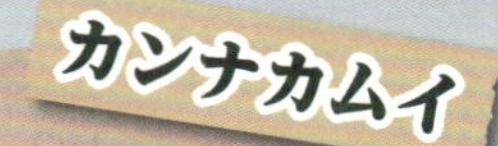

カンナカムイ

原産地 日本（北海道）

特徴 天上に棲む。雷を放つ力を持ち、人間の姿になれる。性格はあらく、勇もうな戦士として活やくした過去を持つ。用心棒に最適。

飼いやすさ ★★★★★★★★★★

一つ目龍

原産地 日本（三重県）

特徴 片目を失明した大蛇で、主に池に棲む。雨を降らせる力があり、時々暴風雨を起こすので要注意。また大きな火の玉となって飛び回ることもある。

飼いやすさ ★★★★★★★★★★

出世螺

飼いやすさ ★★★★★★★★★★

原産地 日本

特徴 水陸両生。2本足でつめ3つの龍で、大きなほら貝に入っている。主に山にこもっているが、山からぬけ出す時に、地震や洪水をもたらす。

蛟

飼いやすさ ★★★★★★★★★★

原産地 日本

特徴 大蛇に似る。主に淡水に生息するが、卵は土の中に生む。ふ化して天にのぼる時、地震が起こる。植物が生えず、雪が積もらない場所をほると卵が出てくることがある。

白龍

飼いやすさ ★★★★★★★★★★

原産地 中国

特徴 体は白ヘビに似ていてうろこがあり、目は黒く、頭に角を持つ。全長約5m。夢に現れ会話をする。いやがることをすると、たたられるので注意。

飼いやすさ
金龍
原産地 中国
特徴 淡水・海水、また陸にも棲める。空も飛べる。頭に角を持ち、体はうろこでおおわれ、2本足でつめは3つ。雨を降らせる能力を持つ。
飼いやすさ
九頭龍
原産地 日本（主に中部地方）
特徴 9つの頭を持ち、とても大きい。雨を降らせ、また人間の意思が通じる。淡水と陸のどちらでも飼える。食事は一日一食。主食は赤飯、デザートにはナシがよい。

日本に生息するドラゴン

意外なことに日本で有名なドラゴンには海外が原産のものも多い。だから、ヘビそっくりなのもいれば龍に似ているものもいる。実は日本はいろいろな血筋のドラゴンがいっぱいいる土地なんだ。

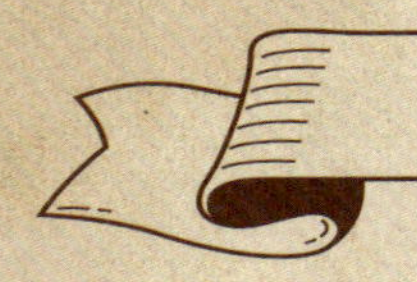

散歩に行こう！

幻獣というのは、その名の通り、幻の動物だから、みんなめずらしがるんだよね。幻獣達にはそういう反応がストレスになって、思わぬトラブルが発生することがある。イヌだって散歩中に興奮して他人を追いかけまわしたり、家にやってきた見知らぬ人にほえかかったりするだろう？　それと同じ。飼い主である君がちゃんと手綱をにぎって上手くコントロールしないといけないよ。そのためには、まず自分の飼っている幻獣がどういった性格や能力を持っているのかをしっかり知っておくことが大切だ。

人にならそう！

さて、散歩の時に問題となることがいくつある。１つは他人との接しょく。めずらしいものだから近づいてくる人が少なくない。ベタベタさわられるのは、幻獣にとっても迷惑でストレスになることが多い。反対に、こわがって泣き出してしまう子どももいる。だからいつも決まったルートを同じ時間に歩くようにしよう。そうすれば、おたがい顔なじみも増え、こわがられることも減り、幻獣にとってもストレスではなく、心地よいスキンシップとして受け入れるようになるだろう。

幻獣はとてもめずらしいペットだからこそ、多くの人は幻獣のことをちゃんと知らない。飼い主である君がそういった人から守ってあげる必要がある。

うんち！

それから、はいせつ物の処理だ。大きな幻獣は大きいなりに、すごいうんちとおしっこをするぞ。イヌやネコの比ではない。しかし最近は肥料会社がサービスで無料回収してくれるようになっているから、あらかじめ散歩ルートを登録して事前連らくを入れれば、どこでうんちをしてもすぐにスタッフが対応してくれる。もっとも、言葉が通じたり、人間に変身できるタイプの幻獣なら、散歩前に用を足すようにいっておくことだね。

ホームセンターで君のペットのうんちからつくられた肥料が売られているかもね。

トラブル発生！

幻獣の中には大きくてやたらと物をこわすものがいる。そうでなくても、火や毒をはくものや見たものを石にしてしまうものなんかもいる。カトブレパス (p.45) やバジリスク (p.74) など、「飼いやすさ」の☆印が1個しかないものは、一見かわいく見えても、とても危険な力を持っているぞ。たしかにこういう幻獣はかっこいいし、飼っていて楽しいが、一方で人を傷つけたり、物をこわしたりする可能性も高い。そういう時のために、お父さんお母さんに幻獣保険に入ってもらおう。これがあれば安心だ。

ちゃんとしつけられなくて、大暴れする幻獣もいるが、中にはちょっとしたうっかりで大変なことを引き起こしてしまうこともある。

人気の幻獣種

Popular legendary creatures type

ドラゴン以外にもみんなが飼いたい！と思うような幻獣はいっぱいいるんだ。僕は九尾の狐さんといっしょに飼ってもらいたいなあ♡

カッコイイ幻獣

番犬にぴったし

ケルベロス

直射日光はさけよう
頭が複数あって門番に最適だ

頭の数だけ用意すべきだけど食べ過ぎに注意

飼いやすさ ★★★☆☆ ☆☆☆☆☆

原産地 ギリシャ

特徴 頭は主に3つあり、ヘビのしっぽを持つ力の強いイヌ。しっぽの先がヘビの頭になっているもの、体から何匹もヘビが顔を出しているものもいる。夜が好き。

飼い方 エサには肉をあげること。生肉でよい。ただし、ねむれないような時にはハチミツやハーブを食べさせるとリラックスする。先祖が地底世界で門番をしていたこともあり、番犬としてとても優しゅうだ。

ケルベロスってどんな生き物なの？

頭が3つだけどご飯はどうするの？

ケルベロスの頭はふつう3つだが、実は1つしかないものもいれば、100個をこえるものもいるんだ。そして頭の数だけ食欲はある。だから1つの頭だけエサを食べても他の頭は満足できない。必ず頭の数だけ用意しよう。でも胃ぶくろは1つしかないから、1匹分のエサで十分だ。そこで、肉のあまりついていない骨つき肉をあげるとよい。ガリガリかじっているうちに満腹感が得られる。肉をたくさんあげると、すぐにデブになっちゃうぞ。

おかしはあげてもだいじょうぶなの？

ケルベロスは肉ばかり食べるように思われがちだが、実はそうではなく、人間の食べるものは大体食べる。とくにハチミツのようにあまいものは好物だ。ハチミツをまぶしたパンケーキなどペロリと一口で食べてしまう。ケルベロスは空腹になるときげんが悪くなる。そんな時にあまいおかしをあたえるときげんがよくなるよ。ただし頭ごとに好みがちがうから、よく観察して知っておこう。

日差しに気をつけてあげて

ケルベロスはもともと地底の世界に棲んでいた動物だから、日光はあまり好きではない。目がくらんでおびえたり、ひどく興奮したりすることがある。小屋は直射日光の当たらない場所につくって、散歩は夕方か夜に行くこと。日光におどろいてほえた時に飛び散っただ液から、もう毒植物のトリカブトが生えた、なんて話もあるぞ。もし君が街でトリカブトを見つけたら、それはケルベロスのだ液から生えたものにちがいない。

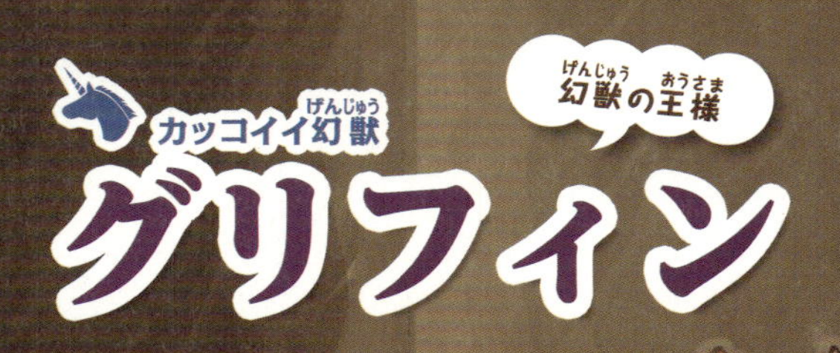

カッコイイ幻獣
グリフィン
幻獣の王様

夫婦仲良し

ウマだって軽く
持ち上げられる

財宝を守ってくれる

飼いやすさ ★★★★★ ★★★★★

原産地 エチオピア、イラン

特徴 ライオンの体としっぽ、ワシの頭とつばさを持ち、鳥獣の王の性質をくむ気高い幻獣だ。オスとメスはつがいとなると、一生を共にする。つめには薬効がある。

飼い方 ウシ・ウマ・ブタ・ヒツジなどの肉をあたえること。とくに馬肉を好む。オスとメスをいっしょに飼うとよい。王様気質なのでしかり方に注意。財宝を守ってくれるが、室内で飼う時はつめでゆかが傷つかないように気をつけよう。

グリフィンってどんな生き物なの？

王様気質ってどういうこと？

百獣の王ライオンとトリの王であるワシ、２つの性質を持つグリフィンは、幻獣の中でもとくにプライドが高いので要注意。くさりにつながずに、いつでも歩いたり飛んだり好きに散歩させてあげよう。イヌにいうように、「お手」とか「お座り」とか命じようものなら、すぐにヘソを曲げてしまうぞ。その性質からか、王家の家紋に使われたりしている。その他にも国章や県章など、いろんな紋章でグリフィンを発見できるはずだ。

つがいを見つけよう

オシドリというトリは夫婦仲良く、一生を共にするといわれている。そこから仲むつまじい夫婦のことをオシドリ夫婦というのだけど、グリフィンはまさにそれなんだ。一生でつがいになる相手は１頭だけで、若くして相手が死んでも再婚はしない。そんなグリフィンを１頭だけで飼うのは彼らにとって、とてもさびしいことにちがいない。ここはぜひとも夫婦で飼って子どもを生ませ、幻獣の王様一家を繁栄させてあげよう。

つめにはどんな力があるの？

グリフィンのつめはするどく、えものをしっかりつかんだまま飛び上がっても落とさない。ウマ１頭をつかんで飛ぶことだってできる。肉の中でも馬肉が好きだから、もし君の家の近くにウマを飼っているところがあれば、要注意だ。それと、このつめには神秘的な力もあるんだ。これでコップを作ったり、粉末にしたりすると、解毒剤になる。もし毒が入っていても、このコップで飲めば無害なものに変わるよ。

カッコイイ幻獣
女の子大好き？
ユニコーン

ユニコーン

とても長くて霊力を持つ

少年よりも少女に
なつきやすい

純白の毛なみ
が多い

飼いやすさ
★★★★★
★★★★★

原産地 インド、ヨーロッパ

特徴 多くは白いウマやヤギに似ていて足にひづめがあり、額からは黒くて長い角が1本のびている。清純で優美な心を持つ少女になつく。角は薬になる。

飼い方 もともと森林に生息していたので、周囲に木の生いしげった場所で飼うとよい。エサは干し草やワラ。少年と性格の悪い少女にはなつきにくい。馬屋や牛舎では角がじゃまになるので放し飼いが理想。

ユニコーンってどんな生き物なの？

角の長さはどのくらい？

ユニコーンの特徴といえば、だれもが額から生えた長い角と答えるだろう。生まれた時から成長を続け、中には体の半分から3分の2ほどの長さにおよぶものもいる。バランス感覚がよっぽど優れていないと、物にぶつかったり、食事のじゃまになったりして不便ではないかと思うけど、なれたもので、彼らはあまり苦としないようだ。で、その長さはというと、ざっと250cmくらいまでのびるんだ。日本人の成人男性の平均身長が約170cm、女性が160cm弱だから、どんなに長いかわかるだろう。

角に不思議な力があるってほんと？

角を粉末にすると薬になるんだ。病気を治す力や解毒剤としての効能を持っている、まさに魔法の薬だね。また水に毒が入っていても、これを混ぜれば純すいな水にもどすことができる。もし飲料水に困ることがあっても、これさえあれば安心だ。実のところ、角をけずって粉末にしなくても効果は現れる。たとえばユニコーンがよごれた湖に角を入れ、十字を切るようにかき回すだけで湖水は飲み水に変わってしまうのだ。ユニコーンを飼っていれば、いつでもどこでも美味しい水が飲めるよ。

ウマ型の幻獣いろいろ

ウマが古来から人類の友であったように、ウマに似た姿の幻獣の多くも人間を助けてきてくれたんだ。中には、油断のならないやつもいるけどね。

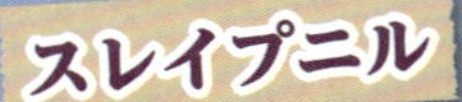

スレイプニル

飼いやすさ
★☆☆☆☆
☆☆☆☆☆

原産地 北欧諸国

特徴 8本足の灰色のウマで、かつては神の乗り物だった。つばさはないが、空を飛ぶことができるし、足が速く機動力もある。エサはウマと同じで問題ない。

ケルピー

飼いやすさ
★★★★★
★★★☆☆

原産地 イギリス（スコットランド地方）

特徴 水生だが陸でも活動できるウマで、さらに人間に変身もできる。いたずら好きで、人が近づくと水に引き入れようとするので、しっかりしつけること。

ヒッポカンポス

飼いやすさ
★☆☆☆☆
☆☆☆☆☆

原産地 ギリシャ

特徴 海に棲み、上半身はウマだが、下半身が魚のようになっている。前足にひづめのあるもの、水かきのあるものがいる。さらにつばさを持つものもいる。

ペガサス

飼いやすさ ★☆☆☆☆☆☆☆☆☆

原産地 ギリシャ

特徴 背中につばさがあり、空を飛ぶことのできる白馬。古代には神の乗り物であった。空高く飛ぶことができ、機動性も高い。エサはウマと同じでよい。

ヒッポグリフ

飼いやすさ ★★★☆☆☆☆☆☆☆

原産地 古代ローマ

特徴 ウマとグリフィンが交配して生まれたもので、頭とつばさ、前足はグリフィン、その他はウマの姿をしている。空を飛べる。エサには肉をあげること。

カトブレパス

飼いやすさ ★☆☆☆☆☆☆☆☆☆

原産地 エチオピア

特徴 ウマよりもバッファローに近い姿をしている。いつも下を向いているが、もし見つめられたり、息がかかったりすると、石になるか、最悪、死んでしまう。

カッコイイ幻獣

フェンリル

原産地 北欧諸国

特徴 とても大きくて力の強いオオカミ。成長すると人間を何人も一口で食べられるくらいになる。ドラゴンのヨルムンガンド（p.20）と血のつながりがある。

飼い方 肉食で習性は基本的にオオカミと変わらない。飼う場所については、どんどん成長するため、十分な広い土地を準備しておく必要がある。散歩時のリードにはグレイプニルという特注のひもを使うこと。

フェンリルってどんな生き物なの？

フェンリルはホントに飼えるの？

フェンリルはとても大きく凶暴だ。しかもすごいきばを持っていて、かまれたら命の保証はない。正直、幻獣飼育の初心者にはおすすめできないが、それでも飼いたい人は、最低限、特注のひもを用意してもらいたい。それはグレイプニルというひもだ。

材料はネコの足音、人間の女性のひげ、山の根、クマの腱、サカナの息、トリのだ液から作られているのだけど、一体どうすれば、これでひもができるんだろう。とてもじゃないけど素人には作れないので、ペットショップで特別に注文して手に入れて欲しい。

フェンリルの子ども：ハティとスコル

フェンリルはオオカミとして最強だけど、飼おうと思えば飼える。ちなみに、フェンリルから生まれたオオカミにハティとスコルという新種がいる。ハティはいつも夜空に浮かぶ月を追いかけているし、スコルはスコルで太陽を追いかけている。時々、月食・日食という現象が起こるよね。それって実は、彼らが追いついてかじりついた結果なんだ。

どちらもフェンリルの系統だから肉さえあたえていればだいじょうぶかと思ったら、そうではない。だれか太陽と月をエサにあたえられるんだったら、ぜひ飼ってみてくれ。

火の鳥とも呼ばれるが、巣箱や樹木を燃やすことはない
体はあざやかな羽毛でおおわれている

カッコイイ幻獣

死なないわけじゃない

フェニックス

飼いやすさ ★★★★☆☆☆☆☆☆

原産地 エジプト

特徴 姿はワシに似ている。羽の色は主に赤と金を基調とする。〈不死鳥〉という異名を持つが、気が遠くなるほどの年月を生きたのちに一度死ぬ。しかしすぐに復活する。

飼い方 死んでしまっても、すぐに復活するから悲しむことはない。〈火の鳥〉と呼ばれることもあるが、家を燃やすことはないので、木の上に巣箱を用意してあげよう。エサは果物や木の実でよい。

フェニックスってどんな生き物なの？

家は焼けないの？

フェニックスは、またの名を火の鳥という。しかし、実際は赤いつばさがそのように見えるに過ぎない。だから火事の心配はいらないよ。ところが、フェニックス種の１つに、本当に全身から火を放つものがいるんだ。超自然的な火だから、ものが燃えることはないのではと考える人もいるが、そんなことはない。もうれつな火だから、家は焼けるし、ふれれば火傷を負う。

火の鳥が飛ぶ姿はとてもかっこいいし美しい。飼いたがる人は少なくないが、安易に飼うとひどい目にあう。火事の心配のいらない石づくりの小屋を建て、安全に飼うといいよ。

君はよみがえるフェニックスを見られるか!?

フェニックスは不死鳥とも呼ばれる。しかし、変わらぬ姿でずっと生き続けるわけではない。途方もない年月を経たのち、死をむかえるのだ。自ら火を放つ種はともかく、一般のフェニックスは死ぬ時に火に飛びこみ、灰になる。ふつうの生き物なら、それでご臨終だが、そこはフェニックスの不死鳥と呼ばれるゆえん。灰の中から不思議な虫がはい出てくる。その虫がしばらくすると、トリに変化するのだ。しかし、すさまじい年月の後に起こることなので、これを見たことのある人は、ほとんどいない。もし君がフェニックス誕生の瞬間を目にし、記録に残せたら、ノーベル賞をもらえるだろう。

ロック

飼いやすさ ★★★★★ ★★★★★

原産地 アラビア周辺

特徴 ワシやハゲワシに似ているが、それよりもずっと大きく白いもうきん類。そのつめでゾウを持ち上げて海や山を飛びこえられる。卵を食べるとこうげきされるぞ。

朱雀

飼いやすさ ★★★★★ ★★★★★

原産地 中国

特徴 クジャクのような姿をした赤いトリで、日本にも古代から生息する。青龍（p.22）・玄武（p.88）・白虎（p.90）と仲がよいので、できればいっしょに飼おう。家の番に最適。

サンダーバード

飼いやすさ ★★★★★ ★★★★★

原産地 北アメリカ

特徴 ワシやタカに似た姿を持ち、巨大でカラフルなもうきん類。その力はクジラさえもつり上げて飛べるほどだ。雷を生み出す上、その雷をヘビに変えることができる。

フリ

飼いやすさ ★★★★★ ★★★★★

原産地 日本（北海道）

特徴 クジラをつかんで飛ぶこともできるほどの巨大なトリで、エゾマツの上やどうくつ、山の奥地に生息する。人をさらうこともあるから注意しよう。

トリ型の幻獣いろいろ

トリ型の幻獣は世界中さまざまなところにいる。ゾウやクジラを持ち上げられるほどの力持ちが多く、背中に乗って空を飛べば最高だろう。でも、少しばかり気のあらい種もいるから、ふり落とされないよう注意すること。

ガルーダ

飼いやすさ

原産地 インド

特徴 金色のもうきん類。龍やヘビを好まず、その力は八大龍王（p.28-p.29）よりも強い。人を背中に乗せて空を飛べる。永遠の命がある。人間の意思が通じる。

鳳凰

飼いやすさ

原産地 中国

特徴 クジャクのようにしっぽの羽が長く美しいトリで、日本にも古代から生息する。このトリを飼うと、周りが平和で豊かになる。卵を食べると長生きできる。

八咫烏

飼いやすさ

原産地 日本（近畿地方）

特徴 大きなカラスで、足が3本あるものもいる。人間と会話ができ、道案内してくれるから旅行の時にとても役に立つ。

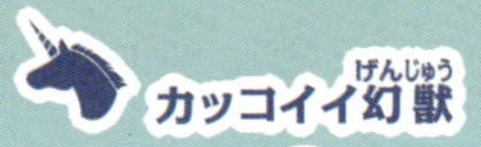

風好きのお調子者

かまいたち

飼いやすさ

原産地 日本全国

特徴 風を好み、ふだんはつむじ風の中にいる。一見すると、イタチと変わらない姿のものもいるが、両前足の先たんがかまの刃のようになっているものもいる。

飼い方 寝ているところに急に近づいたりすると、びっくりして手足を切られてしまうことがあるから気をつけよう。厚手の服を着て接すると安全だ。エサには血抜きをしていない鳥肉がよい。

風を当てるとむやみにワザを使えなくなる

かまになっているのでゆかや物を傷つけることがある

部屋で飼える大きさ

かまいたちってどんな生き物なの？

かまいたちが怒ったら、どうすればいいの？

かまいたちが怒ると、風を呼び起こしてこうげきしてくる。すると、カミソリで切ったような傷がついてしまう。血は出ないし、痛みもないけれど、あまりいい気分はしないだろう。

ケガはしなくても、着ている服が切られることだってある。お気に入りの服を台無しにされるのはいやなものだよね。でも、こちらもかまを持っているとなぜかおそってこない。もし室内で飼うなら、部屋にかまをかけておくといいよ。

風が好き

かまいたちは風が好きな幻獣だ。自分でもつむじ風を発生させ、それに乗ってどこへでも飛んでいく。また、風の強い日はきげんがよい。逆に無風の日はふきげんだ。そんな日にちょっかいを出そうものなら、怒って手当たり次第に切りまくってくるぞ。もし室内で飼っていたら、部屋中ずたぼろにされてしまう。そうならないために、暑かろうが寒かろうが、いつも扇風機を用意しておこう。イライラしていても、扇風機の風を当てればおだやかになるよ。

散歩する時の注意

かまいたちを飼っていると、もしかしたら人を切るようなことが起こるかもしれないということが、ちょっと心配なところだろう。でも、野生ならともかく、人間なれしたかまいたちが人をおそうことはめったにないから心配ご無用。それよりも、お調子者のかまいたちは飼い主そっちのけでつむじ風とともに自由に飛んでいってしまう。だから散歩の時は必ずリードをつけること。

どこでどうやって飼えばいいか（陸生編）

幻獣は大きさや体質がそれぞれまったく異なる。小さい幻獣ならイヌやネコなどの首輪やハーネスを代用するだけで十分だが、ヨルムンガンド（p.20）やリヴァイアサン（p.21）、八岐大蛇（p.30）のように大型船を一回りするくらいの首輪でも追いつかないものもいる。それに、バジリスク（p.74）のように周囲を焼きつくすおそろしい力を持つものもいる。それぞれにふさわしい飼育用品を使わなければ大変な事故が起こってしまう可能性があるんだ。

コミュニケーションが取れないものの、体が巨大なものや、出世螺（p.32）のように土中にこもるタイプは放し飼いが基本なので、GPSをつけておくことをおすすめする。

それから、どこで飼うかということも幻獣によってちがう。ここでは大まかに飼う場所についてまとめておこう。

室内で飼える幻獣

室内で飼える幻獣については、ものをこわされないように注意するぐらいでだいじょうぶだ。

例 ピスヘント（p.20）・八咫烏（p.51）・月兎（p.56）・ねこまた（p.58）・雷獣（p.62）・むじな（p.63）・ 九尾の狐（p.64）・管狐（p.66）・おさき狐（p.66）・風狸（p.66）・飯綱（p.67）

また、人間に変身できる幻獣も室内で飼うといいだろう。黄龍（p.24）、ナーガ（p.26）、シャガラ（p.29）、カンナカムイ（p.32）、九頭龍（p.33）など、東洋の龍には変身できるものが多い。ケルピー(p.44）や土蜘蛛（p.77）も飼えるだろう。

本来の姿が巨大でも人間に変身できる幻獣は家の中で飼えるよ。

⚜ 庭で飼う幻獣 ⚜

庭で飼う幻獣には牧場のように広いしき地が必要なもの、小屋やおりに入れておけばいいものなどさまざまだ。

人間には変身できないし、体格も大きいけど、会話ができたり人間の意思が通じたりする幻獣は知性が高い。だから首輪をつけたりおりに入れたりしてはダメだ。ちゃんとそれにふさわしい場所を用意すること。八大龍王 (p.28-29) や中国・日本の龍の多くはこれだ。ガルーダ (p.51) もそうだね。彼らは相当ひどいことをしなければ家出をしないから、放し飼いでだいじょうぶだ。

ケルベロス (p.38)、ぬえ (p.60)、大がま (p.78) などは足にくさりをつなげておく。ワイバーン (p.18)、ファフニール (p.20)、グリフィン (p.40)、フェンリル (p.46) などはおりで飼うほうがいい。

ユニコーン (p.42) をはじめとするウマ型の幻獣は放牧用に広い土地が必要だ。ただしスレイプニル (p.44)、ペガサス (p.45)、ヒッポグリフ (p.45) のように空をかける幻獣は、基本、馬屋につなげておくこと。

フェニックス (p.48) やトリ型の幻獣は木の上や家の屋根、ベランダなどに鳥小屋をつくって飼うのが基本だ。

また、青龍 (p.22) や朱雀 (p.50)、ケルベロス (p.38)、ガーゴイル (p.76) などは家を守ることに適しているから、それにふさわしい場所をよく考えて飼おうね。

家にとても広い庭があるなら、時には放して
いっしょに遊ぶ事も楽しめるだろう。

おもちをぺったん

月兎

人の手のように物がにぎれ、きねを使うことができる

ふつうのウサギとほとんど変わらない姿

もちや薬をついてつくる

飼いやすさ
★★★★★
★★☆☆☆

原産地 月

特徴 姿形は白ウサギと変わらない。もともと月に棲んでいたが、インド、中国、日本などにもわたって現在に至る。自らもちをついて食事をとる。

飼い方 ふつうのウサギと同様、小屋や部屋で飼える。もち米をあたえれば自分でもちをつくって食べる。たくさんあたえれば、家族の分もつくってくれるぞ。きな粉やあんこを用意して待っていよう。

月兎ってどんな生き物なの？

何をつくウサギを飼いたい？

月から日本に来た月兎はもちをついている。ところが、中国に降り立った月兎は薬をつくんだ。この薬はとてもめずらしく、空を飛べたり、長生きできたりする。日本と中国で月兎はつくものがちがうんだね。ではどっちがいいだろう。日本の月兎は日々の食事をつくってくれるし、中国の月兎の薬を飲むと空を飛ぶことができる上、長寿の薬もつくってくれる。どちらかというと、中国のほうがいいかも。でもこうした薬は毎日飲むようなものではない。結局、一番いいのは中国産と日本産の両方の月兎を飼うことだね。

月で生まれた幻獣は他にどんなのがいるの？

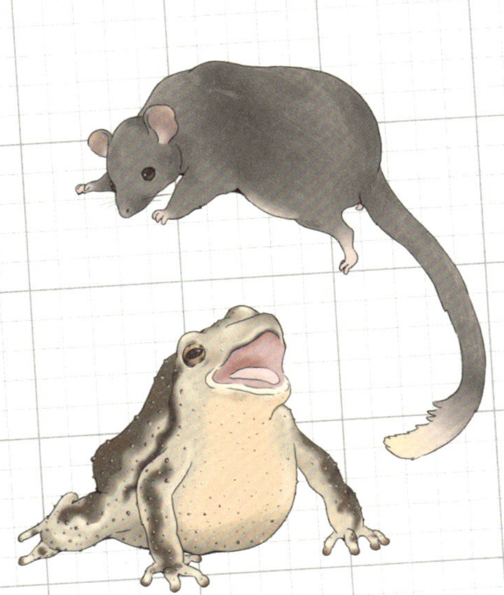

月には地球とは異なる世界が広がっている。月兎は月ではありふれた生き物だが、地球にわたったものは非常に少ない。月兎が幻獣といわれるわけだ。

月のネズミ

他にも月には黒いネズミがいて、太陽に棲む白いネズミと仲がいい。木の根をかじる習性があるので、木切れを入れて金属製のカゴの中で飼うといいだろう。

月のカエル

この他に月からやってきた生き物にはヒキガエルがいる。これは中国にわたったものしか確認されていない激レアなカエルだ。とはいえ、何か特しゅな能力があるかといえば、もちはつけないし、空も飛べない。ただ、月原産なのでカエルマニアがとても欲しがるというだけだ。

ねこまた

飼いやすさ ★★★★★ ★★★★★

原産地 日本（中国にも同類がいる）

特徴 しっぽがふたまたになっていて、変身能力がある。後ろ足で立ち上がっておどるのが好きで、よく広場で仲間達とおどっているけど、そっと見守ってあげよう。

飼い方 基本的にはネコと変わらない。エサはキャットフードでもねこまんまでもOK。夜、家をぬけ出しておどりに行くことがあるから、明け方に帰ってきても入れるようにネコ用の出入り口をつくっておくこと。

ねこまたってどんな生き物なの？

ネコをねこまたまで育てるには

ねこまたはもともとただのネコだった。でも、ものすごい長生きをすることでねこまたになったんだ。どれくらい長生きしたかというと、ざっと100年くらいだ。そんなに長く生きられるのか不思議かも知れないが、めったにいないからこその幻獣だ。ねこまたになるネコとならないネコのちがいは、残念ながら、まだ科学的に解明できていない。しっぽがふたまたになる現象も不明なままだ。もしおじいちゃん、おばあちゃんの代から家にいたネコが、君が大人になってもまだ元気に生きているようなら、将来ねこまたになるにちがいない。

ねこまたはダンスがお好き

ねこまたはどういうわけか、おどりが好きだ。夜な夜な家をぬけ出しては、どこかにおどりに出かけている。おどりに行くかどうかを知るには、出かける時に、手ぬぐいやタオル、ハンカチなどの布を持ち出しているかどうかでわかる。ねこまたは必ず手ぬぐいなどでほおかむりをするか、頭にかぶるかする。そうして後ろ足で立ち上がっておどるんだ。ちなみに三味線をひいて、ばん奏をする芸達者なねこまたがいることもある。さすがに100年も生きると、そういうハイスペックなのも現れるんだろうね。

鳴き声はちょっとブキミかも？

飼いやすさ ★★★★★★★★★★

原産地 日本（京都・大阪）

特徴 頭はサル、体はタヌキ、手足はトラ、しっぽはヘビを合成したようなもので、空を飛べる。その際は黒雲を身にまとうことが多い。鳴き声はトラツグミ*に似ている。

飼い方 庭に小屋をつくって飼うとよい。こうげき力があるので番犬に最適だ。エサは肉類を好むが、何でもだいじょうぶ。散歩は地上、空中どちらもできる。体格は大きめなので、背中に乗せてくれるぞ。

体はタヌキ

しっぽはヘビ

前足、後ろ足はトラ

*30cmほどのトリで、主に夜に「ヒョー、ヒョー」と鳴く。

ぬえってどんな生き物なの？

伝説のぬえ

一般に知られているぬえは、左ページにかかげたような姿をしている。それだけでも十分風格のある幻獣だが、もう一種類、きわめてめずらしいぬえも存在する。その姿は、頭はサルで、体はトラ、しっぽはキツネ、足はタヌキというものだ。これもふつうのぬえと同様に、黒い雲に乗って空を飛ぶことができる。つまり姿形以外にちがいはないわけだ。

ではどちらを飼うのがいいか。それは君の好きなほうを選んだらいいのだけど、トラの体のほうはめったなことでは見つからないよ。

新種のぬえ出現か！？

昔、京都にぬえのような幻獣が出現したことがある。ただ、このぬえは、ふつうのぬえとはちょっとちがう。なんと頭が人間にそっくりなのだ。ただし、くちばしがあって、それがのこぎりのようにギザギザしている。そして体はヘビで、トリのような足に刀のように鋭利なつめを持ち、前足の代わりにつばさがあった。その上、この怪鳥は「いつまで、いつまで」とさけんでいたのだ。のちの調査で、たしかにいろいろな生き物が混ざった空を飛ぶ幻獣だが、姿形や鳴き声からぬえとは別種だと判明し、以津真天と命名された。これは伝説のぬえ以上に希少で、幻獣そうさくのプロでも容易に見つけられない。

雷獣

雷フリーフォール

黒雲に乗って
空を飛べる

大きさはタヌキくらい

空を飛びながら
雷を落とせる

飼いやすさ ★★★★★

原産地 日本

特徴 山に棲み、姿や大きさはアナグマやネコに近い。晴れの日はねむたげで、風雨の日は活発になる。夕立になると雲に乗って空をかけのぼり、雷とともに落ちてくる。

飼い方 いつもは暴れたり怒ったりすることがなく、飼いやすい幻獣だ。しかし、雷が鳴りだすと性格が一変して空に飛んでいく。雷と共に落ちる力は強力で危険。十分気をつけよう。

いたずら好きの大食漢

むじな

飼いやすさ
★★★★★
★★★☆☆

原産地 日本

特徴 人間に変身していたずらをすることもあるが、ちょっとドジなところがあってにくめない。よい遊び相手となる。よく食べ、よく寝る。

飼い方 食べることと寝ることが生活の中心。食べ物に好ききらいはないが、肉を主にあたえるとよい。たまに人間に化けるが、よくしっぽをかくし忘れる。そんな時は、だまされたフリをして遊んであげよう。

日中はよく寝る

姿や大きさはタヌキに近い

頭脳派の化かし上手

九尾の狐

とても物知りで
勉強ができる

同じサイズのしっぽが
9本ある

言葉が話せて家庭
教師役がつとまる

飼いやすさ ★★★★★★★★★★

原産地 インド

特徴 美女に変身する。古代インド語、中国語、日本語に堪能で、知性の高さは人間に勝る。また、すべての人間をとりこにする魅力を持つ。

飼い方 人間に変身してふつうに生活できるから、空き部屋をあたえてあげるだけでよい。頭がいいので、何でも勉強を教えてくれるぞ。美人家庭教師と同居しているようなものだ。

人を化かすキツネってどんな生き物？

キツネのドジないたずら

キツネは昔から人間にいたずらをするのが大好きだ。道に迷わせたり、まんじゅうといって馬ふんを食べさせたり、ふろといって肥だめ*1に入れたりしたものだった。これらが昔からよくあるキツネのいたずらだ。最近はピンポンダッシュをすることもあるらしい。

しかしまだインターホンができる前は、戸をたたいてダッシュしてたんだ。それが傑作で、前足や後ろ足は使わず、後ろ足で立ち上がり、戸に背中を向けて後頭部でガンガンたたいていたのだ。バレたキツネは家の人に平謝りをしたそうだ。迷惑な話だけど、ちょっとかわいいと思わないか。

キツネの化け方

キツネが化けるには、いくつか方法がある。葉っぱを頭にのせて一回転する、というのはよく知られているが、他にも藻草*2を頭にのせる方法も古くからある。

むじな（p.63）やタヌキも化け上手だが、彼らよりずっと化けるのが上手い。いろいろな動物にも化けられるのだが、なぜかあまり化けない。動物を化かすより、やっぱり人間に化けたほうがいろいろなリアクションがおもしろいからなんだろう。

あと、ここだけの話だが、頭に人間の頭がい骨をのせるやり方もある。ちょっと魅力的だが、絶対にやってはいけない。警察がやってくるぞ。

*1：肥料用にうんちやおしっこを貯めておくところ。
*2：水草や海藻などのこと

キツネの幻獣いろいろ

キツネに似た幻獣は、ほかの幻獣にくらべて小さいものが多い。うまくしつければいろいろと役に立ってくれるが、一歩まちがえると大変なことになるぞ。小さいからといって油断は禁物だ。人間に憑くことで人間と会話ができるのが特徴だよ。

管狐

飼いやすさ ★★★★★★★★★★

原産地 日本

特徴 黒く長い毛が全身に生え、つめは針に似ている。ネズミほどに小さいものもいる。竹づつの中に入れて飼う。雑食だが、肉を主食とするのがよい。飼い主にとても忠実。命令すればいろいろな情報を仕入れて来る。

風狸

飼いやすさ ★★★★★★★★★★

原産地 中国

特徴 タヌキに似ているが、ヒョウのような黒い斑点があり、長くするどいつめを持つ。クモが好物。風に乗じて木や岩山をかけのぼることが好きなので、広い場所を用意すること。もし死んでしまっても、口に風を入れると復活する。

おさき狐

飼いやすさ ★★★★★★★★★★

原産地 日本（関東、中部地方）

特徴 キツネよりも小さく、イタチやネズミに似ており、しっぽがふたまたに分かれている。雑食だが、肉を主にあげるとよい。飼い主になつき、飼いやすいが、飼い主が欲しいと思ったものを他人の家から勝手に持ってくることがあるから、よくしつけること。

火車

原産地 日本

特徴 ネコに似ているが、クマのように大きく、後ろ足だけで歩ける。全身から火を放ち空を飛ぶ。雷雲と共に飛ぶこともあるので注意。肉なら何でも食べるが、しつけをしてちゃんと食べさせないと、人間の遺体をうばい去ることもある。

飼いやすさ

飯綱

原産地 日本（長野県）

特徴 リスくらいのものから、むじな（p.63）やキツネくらいの大きさのものがいる。人間だけでなくウマにも取り憑ける。飼い主に忠実で、情報を集めてくることを得意とする。憑かれると大食漢になるので注意。

カワイイ幻獣
河童
きゅうり以外も食べさせて
飼いやすさ
★★★★★
★★★★★
原産地 日本全国（似たものは世界中にいる）
特徴 主に水中で生活する。言語が通じ、読み書きもできる。体の表面はねん液でぬるぬるしている。頭に皿、背中にこうらがあり、指先には水かきがある。
飼い方 専用の池やプールが必要。キュウリが好物だが、栄養バランスを考えて偏食に気をつけよう。散歩に出る時は水分補給用に必ず水を持参すること。時々すもうを取ってやると喜ぶぞ。
頭頂に皿がある
背中にこうらがある

河童ってどんな生き物なの？

河童のかくれた力

あまり知られていないことだが、河童の中には姿をかくす力、つまり透明になる能力を持っているものがいる。すべての河童に備わる力ではないが、透明になる河童は江戸時代から目げき情報があるんだ。そればかりでなく、地域によっては人間の姿に変身していたずらをする河童もいる。しかも言葉が使えるから人間と見分けがつかない。そして、その姿はいたずらする相手にしか見えないのだ。また海に棲む河童も少なくないのだが、いたずらが高じて姿を消して海に引き入れようとする悪い河童もいる。海水浴の時には気をつけよう。

世界の河童の仲間

河童は日本原産の幻獣だが、似たものは世界中にいる。

中国には水虎というものがいるのだけど、人間のように手足があって、センザンコウ*のようなうろこが背中についている。また、ひざにはトラのつめのようなするどいものがついている。あまりかわいいものではないね。

また、北欧のほうにはネックとかネッケ、ニッケンなどと呼ばれるものがいる。これは淡水にも海水にも棲むもので、いろいろな形のものがいるが、フィンランドのネックの姿はウマと変わらない。河童と同じようにいたずらをするが、たのめば畑仕事を手伝ってくれる。

＊まつぼっくりに似たうろこで体がおおわれたアルマジロに似た生き物。

どこでどうやって飼えばいいか（水生編）

水生の幻獣を飼うのはなかなかに大変だ。金魚や熱帯魚のように室内に水そうを設置すればいいというものではない。なにしろ、体が大きいからそれでは収まらない。

池で飼う

まず、淡水に適しているワーム（p.21）や吉弔（p.25）、河童（p.68）、大がま（p.78）などは陸上でもだいじょうぶだから、休める場所として体にあった池をつくってあげるといいだろう。

角龍（p.24）や蛟龍（p.25）、蛟（p.32）、一つ目龍（p.32）など中国や日本の龍は25ｍの学校のプールくらいの池をつくればいい。いっそ、君も泳げるプールにすれば、いっしょに水あそびができるぞ。

ウハツラ（p.28）やマナシ（p.29）は自分で水中に宮殿を建てるから、それに見合った大きな池をつくってあげよう。

時々、ちゃんと池の水をぬいて
そうじをしてあげようね。

海で飼う

次に、海水に適したものにヨルムンガンド(p.20)、リヴァイアサン(p.21)、ヒッポカンポス(p.44)、クラーケン(p.72)などがいる。

ヨルムンガンドやリヴァイアサンはむちゃくちゃ大きいから、海岸沿いの土地に別荘を建てて、そこの海で飼うのが一番いいだろう。こっそり飼おうと思ってもすぐにバレてしまうぞ。

ちなみにシャガラ(p.29)やトクシャカ(p.29)は自分で君の家よりはるかに立派な海底宮殿をつくるから、何も心配はいらないよ。

夏にはマリンスポーツをいっしょに楽しむのもいいだろう。

島で飼う

超大型の幻獣にとって一番いいのは、自由に動ける土地を用意してあげること。せま苦しい場所で身動きできないのはストレスになってしまい、幻獣にも周囲にも迷惑になり、思わぬトラブルが発生する。

そこで、島をまるごと１つ手に入れて、そこで自由に放し飼いをしてみてはどうだろう。瀬戸内海あたりがおすすめだ。先に挙げたヨルムンガンドやリヴァイアサンもそうした場所のほうがいいだろう。

八大龍王(p.28-29)、とくにバツナンダ(p.28)やワシュキツ(p.28)、あるいは八岐大蛇(p.30)やフリ(p.50)も無人島暮らしがふさわしい。

ここまで巨大な幻獣を飼うにはそれだけ費用もかかるってことだね。

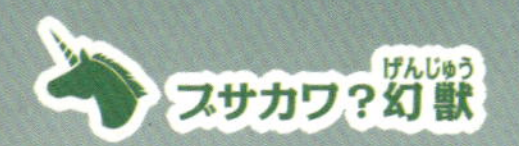

船はおもちゃです

クラーケン

飼いやすさ ★☆☆☆☆☆☆☆☆☆

原産地 北欧

特徴 冷たい海に生息する巨大なイカで、野生のものは船をおそうことがある。姿はダイオウイカに近いというが、タコに似ているものもいる。

飼い方 魚かい類や動物の肉を食べる。大食漢なので、食事の準備が大変だ。また、冷たい海を泳ぎたがるので、北海道の沖に飼育施設を作るのが理想だが、水族館なみの大きな水そうでも飼える。

ダイオウイカよりも大きくなる

海で飼うのが一番だが、池（海水）なら思いっきり広くて深いものをつくらないとストレスがたまる

大食漢なので、毎日しっかり食事をあたえること

クラーケンってどんな生き物なの？

クラーケンのおもちゃ

昔からクラーケンは広い海を自由に泳ぎ回っていた。でも泳ぐだけではあきてしまう。そんな時に、洋上を進む船を見るとついちょっかいを出したくなるのだ。これはネコと同じ。ネコは目の前に動くものがあると、追いかけたり、猫パンチをしたり、かじりついたりするよね。で、あきたら放ってどこかへ行ってしまう。

クラーケンも同じで、人間からするとおそわれたと感じるが、クラーケンはただ遊びたいだけなんだ。だから水そうで飼う時は、遊び道具の船やモーターつきの丸太などを入れておこう。君が学校に行っている時も退くつしないでいられるよ。

他にもいる、海洋の幻獣達

海洋にも幻獣はたくさんいる。ヒッポカンポス（p.44）もその１つだが、他にも少し紹介しておこう。

シー・モンクはヨーロッパの海洋に棲む巨大な魚で、足のようになっているおびれで立って海底を歩くことができる。ちなみにビショップ・フィッシュという似たものがいるが、これは半魚人だ。

ケートスは地中海に生息する巨大な幻獣で、アザラシに似ている。ただし頭が犬に似ていて、おびれが扇のように大きく広がっているのが特徴だ。

日本には「鮭の大助」と呼ばれる大きなサケがいる。このサケは毎年決まった日に、決まった川を海から上流にのぼって行く。

しかし、これを見ては絶対ダメだ。もし見たら数日後に死んでしまうからだ。そういうわけで、見たくても見れない、飼いたくても飼えない怪魚なのである。

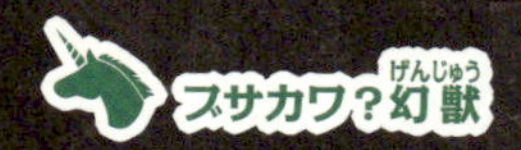

さわるな危険

バジリスク

いるだけで周囲を焼きつくしてしまうで、石か銅鉄のさくやおりで囲むのが無難だ。

ニワトリの頭を持っているが、性格は狂暴

口から毒をはいて大変危険なので、防毒マスクを常備しておこう。

飼いやすさ
★☆☆☆☆
☆☆☆☆☆

原産地 リビア、中東諸国

特徴 先祖はヘビの姿であったが、その後、ヘビのしっぽをもつ大きなニワトリの姿に進化した。現在はこの2種類がいる。毒をはく上、さわるだけでも命に危険がある。

飼い方 とても危険な幻獣だ。初心者は飼うべきではない。周囲のものを焼きつくすので石や金属製のさくで囲んで飼うこと。イタチのにおいや鏡、水晶玉をきらうので、護身用に持っておくといい。

バジリスクは先祖がヘビだから、ドラゴンだという人も研究者の中にはいる。しかし、ほとんどニワトリにしか見えないものも多いことからするとドラゴンとは言い難い。そもそも幻獣ってどうやって分類しているんだろう。実は基本的には動物と変わりがないんだ。つまり、は虫類や鳥類、ほ乳類などの分類だ。結局、生物と幻獣との境目は、超自然的な力を持っているかどうかということになるだろう。

しかし、中には独特の分類もある。ドラゴンは姿がヘビやトカゲに近いから、昔はは虫類とされていた。ところが、極寒の海の中でも生き続けられるほど寒さに強いことから竜類（ドラゴン類ともいう）という新しい分類がつくられたんだ*。

他にも、複数の生き物が合成したような姿のものはキメラ類として新しく分類されるようになったり、幻獣の研究が進むにつれ、今までになかった分類が新しくできつつもある。幻獣の分類は一朝一夕では研究しきれないほど複雑な分野でもあるのだ。

＊は虫類は変温動物なので、寒いと体温が維持できなくて死んでしまう。

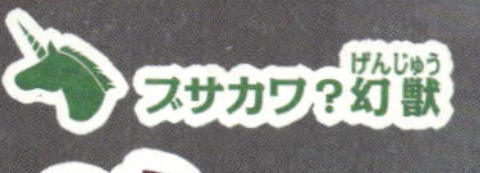

動かざること山のごとし

ガーゴイル

飼いやすさ
★★★★★
★★★☆☆

原産地 フランス

特徴 ドラゴンの変種で深緑のはだにヘビのように細長い体、2本もしくは4本の足があり、コウモリのような大きなつばさを持ち、火をはく。

飼い方 番犬役に最適。不眠不休でエサ（肉類）も食べずに長時間にわたって見張り番をすることを苦にしない。家の外面にじっと居座る習性があるので、じょうぶで安定した台座をつくってあげよう。

空を飛ぶことができる

高いところで番をする

ふだんは座ったまま動かない

ブサカワ？幻獣

ゾウサイズのクモ？！

土蜘蛛

虫なのに、とても頭がよく、コミュニケーションがとれる

肉食で食欲おう盛

どこでも適応し、はんしょく率が高い

原産地 日本（本州・九州）

特徴 どうくつに棲むことを好む。体はゾウのように大きくなる。人間の姿に変身でき、言葉が通じる。またクモの糸を放ってえものをとらえる。

飼い方 肉食。メスは一度に無数の子グモを生むので、初心者はオスだけ飼うのが望ましい。糸は厄除けとなる。人間の姿に変身させればいっしょにゲームをやったりマンガを読んだりしてくれるぞ。

ヘビはむしろ好き

大がま

飼いやすさ

原産地 日本（中国にも同類がいる）

特徴 水陸両生。口からにじのようなキレイな気をはいて捕食する。あまり活動的ではなく、じっとしていることが多い。ちなみに中国の大がまは人間まで食べてしまうそうだ。

飼い方 ヘビを主食とするが、トリやこん虫も食べる。ふだんは鳥肉で十分だが、たまにヘビをやると喜ぶ。体格が大きいので部屋飼いは無理。ビニールハウスなど温暖な場所で飼えば冬眠しない。

毒気をはいてえものをとらえる

姿はふつうのガマガエルだが、人を乗せて運べるほどの大きさがある

大がまってどんな生き物なの？

冬眠するのかな？

カエルは気温が10度以下になると冬眠を始める。大がまは幻獣といってもガマガエルの幻獣。寒くなると動きがにぶくなり、ついには庭先に穴をほってねむってしまう。体が大きく家の中で飼うのは難しいから、君の家がお屋しきでなければ外で飼うのがいい。でも、外だと冬は寒いよね。だから、温室をつくってあげよう。ビニールハウスやプレハブ小屋で十分だ。そうすれば、冬でも元気でいられる。

ちなみに、極寒の日に何かのトラブルで外に出てしまったらこおってしまうよ。でもだいじょうぶ。お湯をかけてあげれば、またのそのそ動きだすから。

大がまに乗るには

昔、児雷也という忍者がいた。忍者だからすごい忍術を使うのだが、それと同時に大がまに乗り、見事に操って大活やくしたのだ。カエルといっても、のそのそと歩くばかりではない。大きくとぶことだってあるよね。その頭の上にまたがり、時には立ち上がり、自由自在に立ち回ったのだから、さすが忍者である。何の修行もしていない人がそんな危ない真似をしてはいけないよ。君が乗る時は、必ずヘルメットをかぶろう。

また、くらと手綱をつけるといい。大がまの頭は安定感があまりないから、突然ジャンプでもされたら落っこちてしまうよ。

ブサカワ？幻獣

ネズミをもってネズミを制す

鉄鼠

お経を好んで食べる。仏具店で買うより自分で書いたほうが経済的だし、勉強になるよ！

ネコといっしょに飼うのはダメだけど、招きネコはだいじょうぶ

飼いやすさ ★★★★★ ★★★★★

原産地 日本（滋賀県）

特徴 昔、頼豪というお坊さんの怨念から生まれたネズミの親分のようなもので、数万匹のネズミを支配して自由に操ることができる。お経の巻物を好んで食べる。

飼い方 雑食なのでエサはなんでもいいが、時々仏具店でお経を買ってきてあげると、喜んで食べる。家の中で飼える。ネズミの大群に命令できるので、ちゃんとしつければ周囲からネズミを追い出せる。

部屋で飼える大きさ

鉄鼠ってどんな生き物なの？

ネコに注意

鉄鼠はネズミだからお経以外にもいろいろかじることがある。困ったものだよね。どうしたらいいのだろう。昔、鉄鼠が何でもかじるのに困った飼い主が「ネズミにはネコだ」とネコをけしかけたことがあった。鉄鼠はびっくりしてかじりかけの本そっちのけでにげ出した。これでもう安心だと飼い主はネコをだいてねむったのだけど、どこからか轟音が聞こえる。おどろいて飛び起きた飼い主の見たものは、なんと津波のようにおし寄せるネズミの大群だった。ネコにおそわれた鉄鼠が家来のネズミたち（推定８万４千匹）を引き連れて反げきに出たんだ。その後、飼い主は命からがらにげおおせたが、家がどうなったかはご想像の通り。なので、鉄鼠を飼う時の鉄則。「ネコといっしょに飼っちゃダメ」

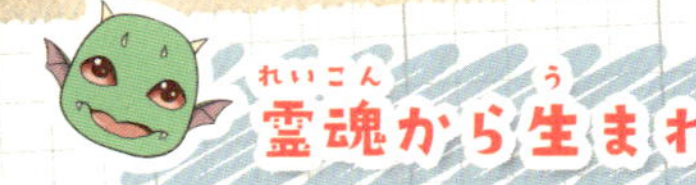

霊魂から生まれた幻獣

世の中には不思議なことがいろいろあるが、幻獣の誕生にもなぞが多い。だが、鉄鼠のようにその秘密が解明されているものもある。このように、出自のわかる鉄鼠の同類を２つ紹介しておこう。

入内雀

平安時代の藤原実方という貴族が左遷先の東北地方で死んでしまった。都にもどりたがっていた実方の霊魂は入内雀という妖怪になった。東北ー京都間はおよそ800kmあるが、そこをひとっ飛びする飛行能力がある。

寺つつき

古代に聖徳太子と対立した物部守屋が戦に破れ、そのうらみから寺つつきという怪鳥になった。木造の建物をキツツキみたいにつつきまくるのが難点。

幻獣関連のお仕事

ツチノコという生物を知っているだろうか。1970年代に日本中でブームとなり、各地でそうさくされ、発見情報がニュースになることが時々あった。でも結局、だれもつかまえられなかった。今でもたまにスポーツ新聞などに「発見か？」というあやしげな記事がのることがある。日本中の人間が血まなこになって探しても見つからなかったんだ。幻獣はそれよりももっと目げき情報の少ない、めずらしい生き物だ。だから幻獣と呼ばれるわけだね。

⚜幻獣そうさく隊⚜

そんな幻獣を素人の思いつきで探し出そうと思っても、見つけられるわけがない。しかし、優れたきゅう覚で幻獣を次々に発見しているプロ集団がいる。それが幻獣そうさく隊だ。彼らは、世界中にいる現地スタッフから伝えられる目げき情報を分せきし、飛行機や潜水艇などいろいろな乗り物、最新鋭の機材を駆使して、命をかえりみず、幻獣を発見しているのだ。

捕かくした幻獣は現地で調教して、人間は敵ではなく仲間なんだということを教え、日本に送り届ける。そうしてペットショップや幻獣専門店で君達と出会えるようになるんだ。だから、彼らそうさく隊の努力に感謝しないといけないよ。

幻獣にひっかかれたり、火をはかれても大丈夫な、
すごい装備をしているよ
でもすぐにボロボロにされちゃうんだ
ゴーグルとヘルメットはバジリスク（p.74）の炎を浴びてもへっちゃらなんだ
幻獣みんなと仲良くするには、丈夫な服と特しゅなゴーグルやヘルメット、強い心が必要だよ
この服は、ドラゴンのかぎづめでひっかかれても穴があかないんだ

幻獣病院

せっかく家で幻獣を飼うことになったのに、けがをしたり病気をしたりすることがある。いくら幻獣だからといって、無敵というわけではない。中には個々の幻獣独自の病気だってある。大体はじょうぶだから自然に治るけど、いつまで経っても治らないものもある。

そうした時は、幻獣を専門にする病院に行くといい。ドラゴンから小さい幻獣まであらゆるものに対応できる。とはいえ、病院自体は東京と大阪に各一ヶ所ずつにしかない。しかし、この病院は救急隊を派けんしてくれる。どこでもすぐに救急ヘリで飛んできてくれるから心配はいらない。

めずらしい幻獣には、とびきりめずらしい薬の材料が必要になったりして大変なんだ
幻獣を病気から守るために、他の幻獣の力を借りることもある

幻獣災害保険

君達はあまり気にしないだろうけど、お父さんお母さんが心配することがある。それは飼っている幻獣が他人にけがをさせたり、家をこわしたりしないかということだ。考えてもみて欲しい。巨大なドラゴンが街を散歩したらどうなるか。動くたびに建物を破かいする大怪獣みたいではないか。だから、あらかじめ安全に飼う場所や散歩道を決めておく必要がある。それでもアクシデントは起こるものだ。そうした時にたのみになるのが幻獣災害保険である。幻獣を飼う前に、お父さんお母さんにちゃんと決めてもらおうね。

この他にも幻獣関連のお仕事はあるが、くわしいことは何でも相談できる幻獣相談窓口があるから、そこで聞いてみるといいだろう。幻獣同士の結婚や、友達づくりも進めているよ。

ドラゴンがあばれて
ビルをこわした！
フェニックス（p.48）
が家を焼いている！

第3章

神秘的な幻獣

Mysterious legendary creatures

この章で紹介するのは彼ら自体が神でもある幻獣だ。とてもおとなしく、人を害することのない幻獣だけど、そんな幻獣の信らいを失うような真似は絶対にしてはダメだ。

神秘的な幻獣

麒麟（きりん）

ビールでおなじみ
空を飛べるが、わが家と認めたところからはにげないので、放し飼いでいい
つばさはないが空を飛べる
エサは牧草で十分
飼いやすさ
★★★★★
★★★★☆

原産地 中国

特徴 体はシカ、しっぽはオスのウシで、1本の角が生えており、体はうろこでおおわれている。慈悲深く、周囲に平和をもたらしてくれる、とてもありがたい幻獣だ。

飼い方 性格は大人しく、庭に放し飼いしてもにげ出すことはないので、とても飼いやすい。草食なのでエサはワラやまぐさでよい。シカせんべいも好きだが、ビニールぶくろごと食べてしまわれないように気をつけよう。

麒麟ってどんな生き物なの？

首の長いキリンは幻獣なの？

キリンはアフリカ原産で、日本でも動物園で人気の首の長い動物だね。キリンと麒麟。耳で聞いたら同じだけど、キリン＝麒麟なのだろうか。実はこの2つはまったくの別物なんだ。じゃあ、なんで名前が同じなのかというと、1400年代初頭に中国の皇帝がアフリカに探検隊を派けんしたことが関係している。その時、ライオンやダチョウ、サイなどめずしい動物を持ち帰った。その中にキリンもふくまれていて、これを麒麟と見なしたのだ。麒麟とは天下泰平で優れた皇帝が国を治めている時に現れる獣として信じられている。この皇帝の時代は、麒麟が出現するのにふさわしいと考えられたわけだ。

麒麟はどんな鳴き声なの？

キリンは「もーもー」とウシみたいに鳴くんだけど、幻獣の麒麟はまったくちがう鳴き声をしている。聞いたことのある人によると、その声には整った美しい音律があり、オスは「遊聖」、メスは「帰和」と鳴くらしい。また、季節によっても鳴き方が異なるともいう。春は「帰昌」、夏は「扶幼」、秋は「養綏」、冬は「郎都」と鳴くそうだ。いずれも天下泰平を暗示する言葉なんだけど、とても難しくて、ふつうの人にはなかなか正確に聞き取れないんだ。

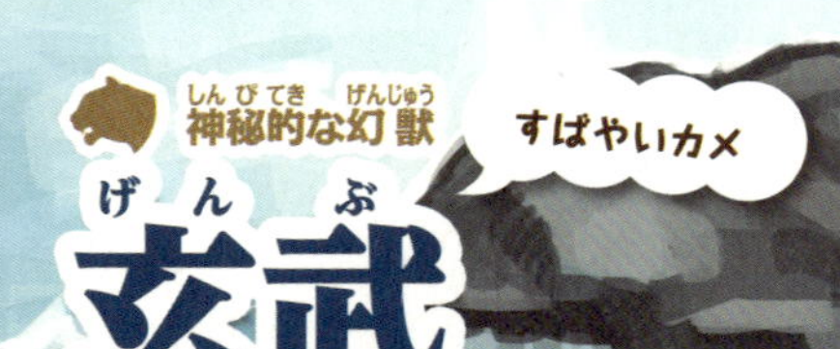

すばやいカメ

龍のような角を持つ

大蛇がまとわりつくものと、まとわりつかないものがいる

飼いやすさ
★★★★★
★★★☆☆

原産地 中国北部の海

特徴 見た目は大きな水生カメだが、海水でも暮らせる。姿はカメだけのものとヘビと合体しているものがいる。どちらも冷たい海を好む。不老長寿で死ぬことがない。

飼い方 家の守り神になってくれる。北の方角を守る習性があるから、家の北側に大きな水そうを置いて、そこで飼うといいだろう。いっしょにいると、長生きできる。

玄武ってどんな生き物なの？

玄武と遊ぼう！

玄武はカメだからのろまだと思うかもしれない。でも、実は全然のろまじゃないんだ。少なくとも海にあってはね。日本にもはるか昔からいるんだけど、ヒコホホデミノミコトという海神を乗せて大海原をしっ走する玄武の姿が古い絵巻物にかかれている。

昔は海の神様ともいわれていたくらいだから、人智をこえた力を持っているんだ。他にも、浦島太郎はカメに乗って海底の龍宮城に行ったけど、太郎は窒息することなく海中を旅できたよね。玄武もまた不思議な力で人を乗せて運べるんだ。玄武となら、海のレジャーを大いに堪能できるだろう。

四獣をそろえて最強コンボ

玄武には運命共同体ともいうべき３体の幻獣がいる。青龍 (p.22)・朱雀(p.50)・白虎 (p.90)だ。玄武をあわせて四獣という。この４体がそろうとそれぞれの幻獣の力に加え、絶対的な防ぎょ力が生まれる。なぜかというと、それぞれが東西南北を守護しているからだ。これでどこから悪いものがやってきても防ぎ、守ることができる。かつて日本の首都は京都だったんだけど、千年王城の地と呼ばれるほど長く君臨してきたのは、まさに彼ら四獣の守護があったからなんだ。

もし玄武達四獣をそろえたら、君の家は難こう不落の城さいになるだろう。

神秘的な幻獣

純白のもふもふ

意思が通じるので、放し飼いでも立派に家の番をしてくれる

ほえる声の力は周囲に大きなえいきょうをあたえる

姿はふつうのトラだが、毛並みは純白

飼いやすさ
★★★★★
★★★★☆

原産地 中国

特徴 全身真っ白でよごれがなく、雪のように美しいトラだ。ほえる声は雷のようにとどろき、周囲に風が起こる。正義感があり、勇もうさで右に出るものはいない。

飼い方 何も食べないので、エサはあげなくていい。悪いものをしりぞけ、富をもたらす力がある。世間では龍と仲が悪くてにらみ合うイメージが強いが、実際は相性がいい。できればいっしょに飼ってあげよう。

白虎ってどんな生き物なの？

白虎のもふもふ感

白虎の毛なみは極上だといわれる。その毛は純白で、それ以外の毛が混じることがない。似たものにホワイトタイガーというふつうのトラが白くなったものがいるが、白虎の美しさはその比ではない。さすが幻獣だけあって、おふろに入れて洗わなくても獣くささはなく、虫もつかない。ベッドの上でそのもふもふ、ふわふわ感を堪能することができる。外に出たら勇もう果かんで威厳のあるトラ、家の中ではだきまくら。女の子には、とくにおすすめしたい幻獣だ。

龍と仲が悪い？

龍虎という表現がある。龍と虎のように、優劣つけ難い強者同士が相対するさまを例えたものだ。今でもしばしば龍虎の図はかかれることがあるから、君も見たことがあるかもしれない。しかし、その絵を見ると、いきり立った龍とトラが対立しているものばかりだ。だから龍とトラは仲が悪いとする人も多い。

でも実はちがうんだ。だって、青龍と白虎は四獣として東と西の方角を守ってきた、いわば戦友だ。それなのにいがみあってたら、鉄ぺきの防ぎょは築けないよ。龍とトラは戦友と書いてライバルと読む、つまりおたがいを高めあう好敵手なんだ。

神秘的な幻獣

雨ニモマケズ風ニモマケズ

シーサー

姿はライオンに似ている
いつも門の上などで家の番をしてくれる
するどいきばをむき出しにして悪いものを寄せつけない

飼いやすさ ★★★★★★★★★☆

原産地 日本（沖縄県）

特徴 ライオンの姿に似ているが、ずんどうな体つきをしている。いつもじっとして座っている。オスとメスが一対となっている。

飼い方 1匹ではダメだよ。必ずオス・メス一対で飼うこと。屋根の上や門の上で、一対で番をさせることで、悪いものを近づけず、火事から守り、魔除けにもなる。散歩は時々でよい。

シーサーってどんな生き物なの？

シーサーの防寒対策

シーサーは日本で一番南にある沖縄県原産の幻獣なだけあって、暑さには強いが、寒さにはめっぽう弱い。

だからといって、彼らは家の守りを決しておこたらない。寒風ふきすさぶ日も、また大雪の日も、屋根の上、門の上でじっと守衛を勤めている。

そんなシーサーを放置するのは、主として信らいをなくすことだ。どんな日でも君のためにう外でがんばってくれているのだから、門番に専念できるように風雨や雪をしのげる番屋を建ててあげよう。やぐらみたいに高いほうが喜ぶけど、屋根の上に建てるのもいいよ。

シーサーは何から守ってくれるの？

そもそも、シーサーは一体、何から守ってくれているのだろう。これはもっともな疑問だ。ちょっとばく然とした言い方になるけど、悪いものが家に入ってこないように、守っているんだよ。悪いものというのは、どろぼうとかおし売りとか、変な宗教のかんゆうとか、もろもろの悪い人間や、人間の目には見えない悪霊や悪魔、えき病など、家に災いをもたらすあらゆるものから守ってくれる。

さらに、近くで火事があっても、火の手がおよばないようにがんばってくれるんだ。シーサーを飼えば家の安全が約束されているといっても過言ではない。

神様なの？モンスターとはちがうの？

幻獣にはいろいろな能力や性格を持ったものがいる。だから神様かモンスターか、一言で表すことは難しい。

神様としての幻獣

神様の姿というのは一様ではない。もともと太陽や月、山や川、海といった自然にあるものがそのまま神様としてあがめられてきた。それらが人間の姿で現れたり、それ以外の生き物や現実には存在しない不思議な姿で現れたりもしていた。それらの中で、神というにふさわしい能力や性格を持った生き物は、「神様としての幻獣」といっていいだろう。

その意味で、ドラゴンの本質は神様と変わらない。彼らの多くは海やぬま、川などの水底に棲んでいる。自在に雨を降らせるなど、水の神様と変わらない力を持つドラゴンもいる。中国の蛟龍(p.25)・応龍(p.25)、インドのナーガ（p.26）や八大龍王(p.28-p.29)、日本の蛟(p.32)、一つ目龍(p.32)、九頭龍(p.33)、金龍(p.33)などがその例だ。事実、龍神としてお寺や神社にまつられている龍も少なくない。

中国原産の幻獣に、四獣の青龍(p.22)・朱雀(p.50)・玄武(p.88)・白虎(p.90)がいるが、それらは「四神」とも呼ばれる。四獣・黄龍(p.24)・鳳凰(p.51)・麒麟(p.86)・シーサー(p.92)などは、人間を守護したり、平和な世の中を象ちょうしたりするような存在で、国を正しく治める偉い人や善人をたたえることはあっても、人間を害することはない。

悪霊や悪魔を追いはらってくれる
龍には水の神様としてまつられているものも多い
幻獣には人間を守護してくれてきたものもいる

モンスターとしての幻獣

ヨルムンガンド(p.20)やリヴァイアサン(p.21)は、もともとは海の神だったのかもしれない。それが、唯一の神しか認めないキリスト教が浸透するうちに、次第に神様のような力がありながら神様でいられなくなり、モンスターと考えられるようになったのだろう。

ピスヘント(p.20)も本来は家に幸福をもたらす素朴な神様だったが、モンスターとして見られるようになった。悪さをするわけでもないから、これをモンスターあつかいするのはかわいそうだと思うけどね。

とはいえ、幻獣の多くは超自然的な力を持っていて、中にはそれを人間のためにではなく、人間に悪さをしたり、傷つけたりすることに使うものもたくさんいる。そういう悪いものはモンスターと見なしていいだろう。

注意して欲しいのは、幻獣を神様と見るか、モンスターと見るかは人間の見方によって変わるということだ。ドラゴンがそのいい例で、こわいモンスターと考える人もいれば、龍神様として敬う人もいる。幻獣を飼う時は、はじめから神様だのモンスターだのと先入観を持たず、ありのままを受け入れることが大切だ。その上で人間社会に適応できるように、しつけをちゃんとしないといけないよ。

ずっと昔には神様としてあがめられていた幻獣もいた。今でもアジアには神様と考えられている幻獣が多くいる。

人間の見方1つで幻獣は神様にもモンスターにもなってしまう。

そして次の子ども達のもとへ……
うわぁぁあ！
すごい！ 飛んでる！

飛んでくれて ありがとうね
はー！ 楽しかった！
ドラゴンの飼育係が こんなに楽しいなんて 知らなかったよ！
ね、ドラン
私も！ 最初はこわいと 思ってたけど ドラゴンってかわいいね

あれ？
ドランは？

ドラン？
おーい

いや～
助かりました

ドラン先生

わが校の飼育員も上手くやってくれそうです
ドラン先生が教えて下さったおかげで
彼らも今までよりもっとドラゴンが好きになってくれるでしょう
さて、ボクはそろそろ行かなきゃ
もう行かれるのですか？

まだまだ世界中に
ドラゴンの飼育員になる
子ども達がいるからね

不思議な世界を
教えるのが僕達の
勤めだからね
亜人の君だって
そうだろう？

そうですね

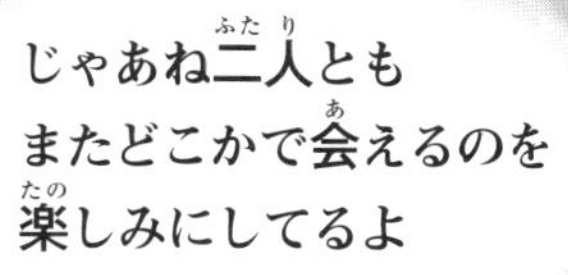
じゃあね二人とも
またどこかで会えるのを
楽しみにしてるよ

ドラン？

もっと幻獣を知ろう

ヨーロッパ

ガーゴイルが出てくるお話

ヨーロッパでは、全域にわたってドラゴンの物語が語り伝えられてきている。イギリスやポーランドにもとっても面白いお話が伝わっているが、ここではフランスのルーアンというパリの北西に位置する土地の言い伝えを紹介しよう。これはドラゴンがなんと別の幻獣になってしまったというめずらしいお話だ。いったいどうしてなんだろう。

あらすじ

ガーゴイルはガルグイユともいって、もともとは人を食べてしまう悪いドラゴンだったんだ。西暦600年ごろ、フランス西部の都市ルーアンでこんな出来事があった。このドラゴンはセーヌ川のほとりに棲んで、首が長く、コウモリのような翼を持っていた。そして、口から火をはき、さらには水を飲みこんではは き出して洪水を巻き起こすこともあった。食べるものに好ききらいはなく、何でも食べてしまうが、中でも人間や動物が大好物だった。人間にとって悪いことばかりするドラゴンだったから街の人々はとても困った。そこへ聖ロマヌスという聖職者がやってきてこのドラゴンを退治した。そして火葬したのだが、なぜか首から上が焼け残った。ここから生まれたのがガーゴイルだった。こうした出来事はカール・シューカー『龍のファンタジー』(東洋書林) にくわしく書かれている。

ヨーロッパ

ケルベロスが出てくるお話

人間の歴史が始まる前には神々を中心とする時代があった。世界各地にその時代の伝承が伝わっており、これを神話という。地中海に面したヨーロッパ南部の国ギリシャはとりわけたくさんのお話が残っている。神の血を受けついだ人間ヘラクレスは、悪いドラゴンを退治したり、人食い馬を生けどりにしたりと、さまざまな偉業を成しとげた英雄だ。中でもケルベロスのお話は圧巻だ。

あらすじ

ケルベロスはもともと地獄の門番をしていた。地獄は暗くてとてもおそろしいところだ。ここに落とされる人間は平気で人を殺したり強盗をする犯罪者も少なくない。そういう者達を恐怖させる、光の届かない場所に長年いたのだから、性格はどうもうで明るい場所を好まない。そんな獣を地上に連れていったのは、神々の王ゼウスの子、ヘラクレス。ドラゴンと戦ったこともある英雄だ。彼は力が強く、自分よりも大きなケルベロスを強引に地上へ引きずり出したのだ。ちなみにその時ケルベロスの垂らしたよだれからもう毒のトリカブトが生まれた。その他にプシュケという美しい娘が美の女神アプロディテに命じられて地下の国へ行く時にもケルベロスは登場する。こうしたギリシャ神話は石井桃子編『ギリシア神話』(のら書店) をはじめ、いろんな本にのっているから、ぜひ読んでみて欲しい。

中国

九尾の狐の出るお話

中国には太古の昔から九尾の狐がいて、古代の文献にも記されている。時代が下り、明の時代に『封神演義』という読み物が作られた（16 ～ 17世紀のこと）。時はずっとさかのぼって紀元前の殷王朝の末期のこと、悪い政治が行われ、世の中も乱れてしまう。主人公の姜子牙（のちの太公望）は武王を補佐して新しい国をつくる。これを読み物にしたのがこの作品だ。

あらすじ

大昔、殷という国が中国を治めていた。その最後の王様を紂王といい、そのお妃を妲己といった。王様は妲己の美しさに惑わされ政治をおろそかにし、一方の妲己は平気で人を殺したり苦しめたりする、ものすごく残忍な性格の悪女だった。これではダメだと立ち上がった周の武王は、殷をほろぼして新たな王となった。さて、このめつ亡を招いたお妃こそ、九尾の狐が化けた姿であったそうな。『封神演義』(偕成社)が読みやすいけど、マンガやアニメもあるよ。

ちなみに、この狐は、やがて海をこえて日本にもやってきたんだけど、やっぱり悪さをしたので、ついには石にされてしまった。

インド

ナーガとガルーダの出るお話

古代インドにジャータカという物語がある。仏教をはじめたお釈迦様は、生まれる前にたくさんの人生を経験してきた。輪廻転生といって、ひとつの人生を終えてはまた次の人生をはじめるということをくり返すことだ。この物語はお釈迦様として誕生する以前に体験した人生のお話を集めたものである。この中に犬猿の仲のドラゴンとガルーダにまつわるきせきの因縁が語られている。

あらすじ

ある時、ナーガは人間の姿になって町に祭の見物にやってきた。そこにガルーダがやってきたのでにげ出した。ガルーダは、お腹がすいてならないから、えものをのがすまいと、ついてくる。ナーガが川に沿って飛んでいると、先の方で川に入って修行をするお坊さんがいる。ナーガはともかくかくまってもらおうと、玉のような石に化けてお坊さんのふところに入った。それを見ていたガルーダはナーガを出すよう求めたがお坊さんは断り、その上でなにか呪文を唱えた。するとナーガとガルーダ、それぞれの心から大きらいという気持ちが消え、これまでのわだかまりもなくなり、仲の良い友だちになったそうな。古代インドには、こうした不思議な話がある。『スマナサーラ長老と読む　お釈迦様の物語「ジャータカ」』(サンガ) が読みやすい一冊だ。ぜひ読んでみよう。

日本

八岐大蛇の出るお話

日本の神話では、天の神々の中でイザナキノミコトとイザナミノミコトという神様が国土を作ったと伝えられている。この二柱の神さまからスサノオノミコトが生まれた。この神さまは英雄的な活やくをしたことでよく知られている。『古事記』や『日本書紀』*で語られる八岐大蛇の退治のお話だ。

あらすじ

八岐大蛇は、本来、いくつもの山や谷をまたぐくらい大きくて長い体をしている。大昔、島根県は出雲国と呼ばれていた。そこの山里での出来事である。

ものすごく大きくて頭が8つもあるドラゴンがみつぎものを寄こせとやってきた。里人からすれば、年中人里にやってきては迷惑この上ない。そこで里人達は相談して、年に一度、頭の数だけ酒樽や若い娘さんをささげることをちかった。そうしたことが数年続いたある年のこと、英雄スサノオノミコトがやってきて、このことを聞いておどろいたのだ。そして勇気を出して大蛇をやっつけてしまった。

そうしたら、なんとしっぽにあった剣を手に入れた。これは大昔の話なのだけど、実は今でもその剣は皇室に伝わっているんだ。三種の神器といって、古代から伝わる3つの宝の1つとなっている。

*日本のとても有名なお話なので、岩波少年文庫であったり、講談社の少年少女古典文学館のようにわかりやすい現代語訳がされた本やマンガもあるよ。

おわりに

「もしも?」の図鑑シリーズ愛読者のみなさん、はじめて本書を手にするみなさん、こんにちは。著者の伊藤慎吾です。

本書では、ドラゴンを中心に世界の幻獣を紹介し、どうやって飼えばいいのか示してきました。幻獣の中には大昔から人間と関わりを持っていたものもいれば、人跡未踏、つまりまだだれも足を踏み入れたことのない山の奥や海の底にいるものもいます。

僕が子どものころ、川口浩という偉大な探検家がいて、幻の生き物をたくさん発見していました。そうです、まだまだ発見されていない幻獣がきっといるにちがいありません。幻獣はただでさえ発見できないからこその幻獣です。そう考えると、発見すること以上に、それを飼うということはとても幸運にめぐまれているといえるでしょう。しかし、あきらめずに、いつか飼いたいと願い続ければ、きっとかなうと信じてみませんか。

そして、もし飼うとすれば、どんな幻獣がいいですか。カワイイ幻獣? それともカッコイイ幻獣? 僕のおすすめはピスヘントです。この小さなドラゴンは、家庭に幸福をもたらしてくれます。

どうか本書を読んでくれたみなさんに幸福が訪れますように。

伊藤 慎吾

幻獣マップ

★スコットランド
ケルピー（p.44）
★北欧諸国
ファフニール（p.20）
フェンリル（p.46）
ヨルムンガンド（p.20）
スレイプニル（p.44）
クラーケン（p.72）
★ヨーロッパ
ワイバーン（p.18）
リヴァイアサン（p.21）
ユニコーン（p.42）
★イギリス
ワーム（p.21）
★エストニア
ピスヘント（p.20）
★ロシア・東ヨーロッパ諸国
ズメイ（p.20）
★フランス
ガーゴイル（p.76）
★ドイツ
ファフニール（p.20）
ワーム（p.21）
★古代ローマ
ヒッポグリフ（p.45）
★ギリシャ
ケルベロス（p.38）
ヒッポカンポス（p.44）
ペガサス（p.45）
★中東各国
バジリスク（p.74）
★イラン
グリフィン（p.40）
★ネパール
アナバダッタ（p.28）
★イスラエル
リヴァイアサン（p.21）
★アラビア周辺
ロック（p.50）
★リビア
バジリスク（p.74）
★エチオピア
グリフィン（p.40）
カトブレパス（p.45）
★エジプト
フェニックス（p.48）
★アフリカ各国
虹（p.24）

月 月兎（p.56）

★中国

青龍（p.22） 角龍（p.24） 玉龍（p.24） 虹（p.24） 黄龍（p.24） 応龍（p.25）
吉弔（p.25） 蛟龍（p.25） 蜃（p.25） 白龍（p.32） 金龍（p.33） 朱雀（p.50）
鳳凰（p.51） 風狸（p.66） 騏驎（p.86） 玄武（p.88） 白虎（p.90）

★北アメリカ

サンダーバード（p.50）

カンナムカイ（p.32），フリ（p.50）

★日本

一つ目龍（p.22） 八岐大蛇（p.30） 出世螺（p.32） 蛟（p.32）
九頭龍（p.33） 八咫烏（p.51） かまいたち（p.52） ねこまた（p.58）
ぬえ（p.60） 雷獣（p.62） むじな（p.63） おさき狐（p.66）
管狐（p.66） 火車（p.67） 飯綱（p.67） 河童（p.68）
土蜘蛛（p.77） 大がま（p.78） 鉄鼠（p.80）

シーサー（p.92）

★インド

ナーガ（p.26） ウハツラ（p.28）
ナンダ（p.28） バツナンダ（p.28）
ワシュキツ（p.28） シャガラ（p.29）
トクシャカ（p.29） マナシ（p.29）
ユニコーン（p.42） ガルーダ（p.51）
九尾の狐（p.64）

★オーストラリア

虹（p.24）

幻獣名(げんじゅうめい)さくいん

ア

カ

サ

タ

ナ

ハ

マ

ヤ

ラ

ワ

著者　伊藤 慎吾（いとう　しんご）
国際日本文化研究センター・客員准教授。日本古典文学の研究のかたわら、古い文献をあさって、幻獣について調べています。著書に『擬人化と異類合戦の文芸史』（三弥井書店）、『妖怪・憑依・擬人化の文化史』（編著、笠間書院）など。

編集協力・デザイン　ジーグレイプ株式会社
イラスト　蒼烏 ぷんこ
イラスト協力　大澤 博樹 ／ 木月 けいこ ／ 高瀬 コウ ／樋熊 美輝 ／ 昌末
漫画　徒々野 雫
装丁　柿沼 みさと

参考文献
梁・任昉撰『述異記』（『中国古典文学大系　42』平凡社、1971年）
明・李時珍撰『本草綱目』中国書店、1988年
寺島良安編『和漢三才図会　上・下』東京美術、1970年
鳥山石燕『画図百鬼夜行』稲田篤信・田中直日編、国書刊行会、1992年
竹原春泉『絵本百物語　桃山人夜話』多田克己編、国書刊行会、1997年
Theresa Bane『Encyclopedia of Beasts and Monsters in Myth, Legend and Folklore』McFarland & Company、2016年
R.F Mould『Mould's Medical Anecdotes』CRC Press、1985年
Malcom South編『Mythical and Fabulous Creatures　A Source Book and Research Guide』Greenwood Press、1987年
ホルヘ・ルイス・ボルヘス、マルガリータ・ゲレロ『幻獣辞典』柳瀬尚紀訳、晶文社、1974年
ブレンダ・ローゼン『妖怪バイブル』中谷友紀子訳ガイアブックス、2009年
柳田國男『一目小僧その他』（『柳田國男全集　6』筑摩書房、1989年）
多田克己『幻想世界の住人たちⅣ　日本編』新紀元社、1990年
伊藤龍平『江戸幻獣博物誌　妖怪と未確認動物のはざまで』青弓社、2010年
伊藤慎吾編『妖怪・憑依・擬人化の文化史』笠間書院、2016年

「もしも？」の図鑑（ずかん）
ドラゴンの飼（か）い方（かた）

2018年 1月 2日　初版第1刷発行
2024年 10月 30日　初版第8刷発行

著　者　伊藤慎吾
発行者　岩野裕一
発行所　株式会社実業之日本社
〒107-0062　東京都港区南青山 6-6-22　emergence 2
【編集部】03-6809-0473　【販売部】03-6809-0495
実業之日本社のホームページ　https://www.j-n.co.jp/
印刷・製本　大日本印刷株式会社

©Shingo Ito 2018　Printed in Japan（第一児童）ISBN978-4-408-33757-9